Provence

Provence

Photographie

Hans F. Kammermann Gerhard P. Müller

Text

Humbert Fink Alfred Pletsch

capricorn

Einband, Vorderseite: Lavendelfeld bei Utell
Einband, Rückseite: Provenzalischer Bauer
Haupttitel: Montagne du Lubéron

ISBN 3 7658 0765 6

Inhalt

Die Legenden zu den Abbildungen 1 bis 63 stehen auf Seite 16

Provenzalische Impressionen

Farandolemusikant.

Vor rund zwanzig Jahren habe ich das Glück gehabt, die Camargue in einem Zustand kennenzulernen, als noch keine Hotels, Reitställe, Yachthäfen, Feriensiedlungen und Ölraffinerien sich in die amphibische Wildnis hineingefressen hatten; als die Landschaft ihre urtümliche Funktion noch aus dem Anfang der Schöpfungsgeschichte heraus gewonnen hatte; als es noch Schlangen und Flamingos, Wildpferde und Stiere gab, aber auch die verwischten Farben, die wie eine zweite dünne Haut das flache, scheinbar horizontlose Land bedeckten; und als man vor allem noch den unverwechselbaren Geschmack nach fauligem Brackwasser, Tang und Salz auf den Lippen spüren konnte, das stampfende Wüten des winterlichen Mistral das Brackwasser aufwirbelte und zugleich das Meer in weißen schaumigen Flocken über das wehende Schilf und Riedgras trieb. Im Sommer verbrannte damals die Sonne noch jede Spur von Leben, erreichten die Farben etwas Unmenschliches, eine Intensität, die schmerzte und fast schon eine Vorstufe von Wahnsinn enthielt, die Natur zu einem Phänomen wurde, das sich jedem menschlichen Zugriff entzog und dabei doch alles Menschliche gierig verschlang. Im Winter, wenn nur noch das Winseln des Sturms, das dumpfe Grölen des Meeres hörbar war, fiel das Land in einen traumlosen Schlaf. Aber stets spürte man das Vorhandensein einer Ordnung, ahnte man etwas vom Wirken einer übergeordneten Macht, begriff man überrascht, daß diese Landschaft noch längst nicht alle ihre Geheimnisse preisgegeben hatte.

Dabei muß es früher, vor zwei oder drei Generationen, noch barbarischer, noch menschenfeindlicher zugegangen sein. Millionen von Moskitos, die von den Einheimischen «arabi» genannt werden, machten jeden Aufenthalt in den Sümpfen der Camargue zur Qual. Das schwankende, morastige Festland war oft monatelang überschwemmt. Trinkwasser bezogen die Bauern und Hirten nur aus der Rhône und den schmutzigbraunen Kanälen, die willkürlich durch die Wildnis drängten. Die Armut der Menschen war nahezu unvorstellbar; sie lebten mit den halbwilden Rindern und den Wildpferden in einer Art Zwangsgemeinschaft, die zwar den Instinkt für die Natur schärfte, aber jede geistige Flexibilität abstumpfen ließ. Das wenige fruchtbare Land war entweder hoffnungslos ausgelaugt oder das ganze Frühjahr hindurch wasserbedeckt. Der Anbau von Wein und Früchten, der im Mittelalter noch bedeutend gewesen sein muß, war auf ein Minimum zurückgegangen. Die sogenannte Lebensqualität eskalierte äußerstenfalls zu heidnischen Bräuchen, bei denen es unberechenbar in jeder Hinsicht zuging. Vielleicht rührte diese unchristliche Wildheit aber auch daher, daß die meisten Bewohner der Camargue lange Zeit davon überzeugt waren, direkte Nachkommen eines sagenhaften Volkes zu sein, das in versunkenen Städten gelebt hatte, die lange vor Christi Geburt untergegangen waren.

Es gibt einige Beweise für solche Behauptungen, die sich wiederum auf Vermutungen und Legenden stützen. In erster Linie sind es die Geschichten der Zigeuner, die manchen interessanten Anhaltspunkt für eine zusammenhängende und auch logische Biographie dieser Landschaft ergeben. Dann existieren auch noch handfestere Beweise, die allerdings nur wieder neue Rätsel aufgeben. So kommt es zum Beispiel auch heute noch gelegentlich vor, daß ein Gardian, wie die Rinderhirten in der Camargue genannt werden, einen seltsamen Fund macht. Manchmal ist es ein Stück zerbrochenen Gesteins, das überhaupt nicht in diese erdfarbene und morastige Wildnis paßt und wie ein fremder Knochensplitter aus den Tiefen der Sümpfe emporwächst. Dann wieder sind es Bruchstücke von Marmorsäulen, Reste von Vasen und Amphoren, wie sie die Griechen verwendet und davor schon phönizische Händler an die westlichen Küsten des Mittelmeeres gebracht hatten. Und stets, wenn ein solcher Fund bekannt wird, heißt es dann, daß dies wieder eine Bestätigung für die Existenz des sagenhaften Anatilia sein müßte, einer Stadt, die in vorantiker Zeit das Gebiet rund um das Rhônedelta beherrscht haben soll.

Liebhaber klassischer Texte wissen allerdings, daß es sich bei diesem Anatilia nicht um ein Phantasieprodukt handelt, denn sowohl Plinius der Jüngere als auch Ptolemäus haben diese

Ansiedlung erwähnt, die lange vor Christi Geburt durch ein Seebeben von der Flut verschlungen worden und heute von Morast und Wasser bedeckt sein soll. Man weiß nicht mehr viel darüber außer der festen Überzeugung, daß es Anatilia ganz einfach gegeben haben muß. Dies bezeugen auch die alten Fischer und Hirten der inneren Camargue, wenn sie davon erzählen, daß im großen Etang du Vaccarés, der brackigen Riesenlagune inmitten der Camargue, bei extremem Niedrigwasser geheimnisvolle Mauern auftauchen, Steinblöcke, Säulenreste, Fundamente irgendwelcher Bauwerke, deren Herkunft man sich nicht erklären kann. Niemand weiß, was für ein Volk hier einst gelebt hatte. Waren es vielleicht, wie einige Legenden behaupten, die Urahnen der Zigeuner? Das ist freilich recht unwahrscheinlich. Aber mancher Bauer oder Hirte in der Camargue schwört darauf, daß es unter dem fauligen Wasser und schwankenden Sumpfboden etwas gibt, das alle Fragen beantworten könnte.

Im 4. Jahrhundert n. Chr. wird in den Schriften des Festus Avienus, eines Geographen und Poeten lokaler Bedeutung, erstmals ein Ort – «oppidum priscum Ra» – erwähnt, der sich vor langer Zeit einige Meilen vor der Küste draußen im Meer, also südlich des Platzes, an dem heute Les Saintes-Maries-de-la-Mer liegt, erhoben habe. War dieses Ra vielleicht die Nachfolgerin Anatilias? Gab es möglicherweise Zusammenhänge zwischen der Camargue und Ägypten? Existierte da ein fremdländischer Stamm levantinischen Ursprungs, von dem wir heute nichts mehr wissen und der doch im Unterbewußtsein eines anderen Volkes, nämlich der Zigeuner, weiterlebt? Solche Fragen und Überlegungen muten etwas sonderbar an. Doch wie kamen die Zigeuner ausgerechnet an diese Küste? Warum haben sie gerade hier in Les Saintes-Maries-de-la-Mer ihre bedeutendste Wallfahrtsstätte? Wer übermittelte ihnen die seltsame Geschichte der dunkelhäutigen Sara, die sie inzwischen schon seit Jahrhunderten als ihre Prinzessin und Heilige feiern?

Zigeunerlager in Saintes-Maries-de-la-Mer.

Es dürfte sich bei Ra um eine dichtbesiedelte und auch politisch einflußreiche Hafenstadt gehandelt haben, die zweifellos von Phöniziern gegründet worden war, bevor sie nach einem griechischen Zwischenspiel römisch wurde. Solche Entwicklungen sind auch anderenorts in der Provence nachweisbar. Im übrigen behaupten die Fischer, daß man bei heftigem Mistral, wenn dieser Nordsturm das Meer vom Grund aufwühlt, die geschwärzten Steine einer versunkenen Stadt noch gut erkennen könne. Außerdem dürfte das Boot aus Palästina, mit welchem ja der Legende zufolge das Christentum in die Provence importiert worden war, im Hafen von Ra gelandet sein. Oder zumindest im Hafen der Nachfolgestadt dieses geheimnisvollen Ra, die dann bis ins Mittelalter hinein den Namen Villa de la mar trug, bis daraus fast zwangsläufig Les Saintes-Maries-de-la-Mer wurde.

Zum besseren Verständnis dieser Geschichte muß man wohl auch die Legende der Sara erzählen, die es in mehreren Versionen gibt und deren weitestverbreitete etwa so lautet: Ungefähr ein Jahrzehnt nach dem Tod Christi landete an dieser Küste ein kleines Ruderboot, darin sich der berühmte Lazarus, den Jesus vom Tode auferweckt hatte, mit seinen Schwestern Martha und Maria Magdalena befand; auch die beiden Marien Jakobäa und Salome sollen an Bord gewesen sein; außerdem noch deren schwarzhäutige Dienerin Sara, die vielleicht eine Nubierin oder Sudanesin gewesen sein könnte, die möglicherweise aber auch, wie es die Zigeuner behaupten, tatsächlich die erste Zigeunerin war, die europäischen Boden betrat. Der Grund für diese sonderbare und gewiß nicht ungefährliche Seereise war eine der ersten Christenverfolgungen, die es in Palästina gegeben hatte. Die kleine, fromme Schar rettete sich vor aufgebrachten Juden auf ein Boot, das weder Ruder noch Segel besaß und vertraute sich Gottes Hilfe an.

Und mit Gottes Hilfe erreichte man dann nach langem Umherirren auch die Küste der Provence. Hier trennte man sich. Lazarus ging nach Massalia (Marseille), wo er als Bischof wirkte. Maria Magdalena zog sich in eine Grotte oberhalb von Sainte-Maxime zurück, ihre Schwester Martha ließ sich in Tarascon nieder, während die beiden Marien Jakobäa und Salome an der Küste blieben und dort gemeinsam die Lehre Christi verbreiteten. Sara, ihre Dienerin, wird in diesem Zusammenhang nie erwähnt. Aber man darf annehmen, daß sie bei ihren Herrinnen blieb und deren Schicksal teilte.

Das also sind die Grundzüge der Legende, die erstmals im Jahre 544 n. Chr. eine historische Unterstützung findet, als man an der Stelle, wo sich heute die wuchtige Festungskirche von

Les Saintes-Maries-de-la-Mer erhebt, eine Kapelle errichtete, die das «Betzimmer der Heiligen» genannt wurde. Die Ursprünge der heutigen Wallfahrt – neben der dunkelhäutigen Sara werden hier auch die beiden hellhäutigen Marien verehrt – gehen auf das Jahr 1438 zurück, als Graf René von der Provence an den Vatikan schrieb und um die Erlaubnis bat, an dem Platz, wo sich jahrhundertelang das sogenannte Betzimmer der Heiligen befand und nunmehr eine kleine Wehrkirche stand, nachgraben zu dürfen, um nach Möglichkeit die Reliquien der Heiligen zu bergen. Es dauerte dann immerhin noch rund zehn Jahre, bis dieser Plan ausgeführt werden konnte. Im Sommer 1448 untersuchten jedenfalls die Bischöfe von Aix und Marseille die Grabstätte, die ja längst bekannt war. Tatsächlich förderte man Urnen, Skelette, auch einen skelettierten Kopf und verschiedene Grabbeigaben zutage. Von zwei Skeletten ging – wie alle Anwesenden bezeugten – ein besonders angenehmer Duft aus, was als Beweis dafür betrachtet wurde, daß es sich hier wirklich um die letzte Ruhestätte der beiden morgenländischen Marien handelte. Von Sara war damals übrigens nicht die Rede. Erst später klang in einem Nebensatz die Vermutung an, daß sich unter dem Gebein, das man gefunden hatte, wohl auch ihre sterblichen Überreste befunden haben könnten.

Natürlich ist es für die Legende, die in Verbindung mit den Marien aus Palästina und der sozial wie rassisch benachteiligten Sara entstanden ist, völlig unwesentlich, ob es inmitten des Rhônedeltas, in diesem Teil der provenzalischen Küste tatsächlich auch einen berühmten Artemistempel gegeben hatte, wie einige Wissenschaftler meinen – ein Heiligtum, das ionische Griechen in Erinnerung an die große Artemis von Ephesos errichtet haben sollen. Allerdings würde das auch einen Hinweis darauf erlauben, daß Ephesos nicht nur in vorchristlicher Zeit ein Zentrum der Verehrung von Muttergottheiten war, sondern auch als möglicher Sterbeplatz der Mutter des Herrn für die Christen auch heute noch gewisse Bedeutung besitzt. Ebenso weiß man, daß überall dort, wo in antiker Zeit eine weibliche Gottheit angebetet wurde, später die Marienverehrung besonders ausgeprägt war. So besehen spricht doch manches für die Existenz eines Artemisions hier an der Mündung der Rhône.

Der Mittelpunkt aller Geheimnisse, soweit sie für diese Geschichte von Bedeutung sind, befindet sich aber zweifellos in der alten Wehrkirche von Les Saintes-Maries-de-la-Mer. Als ich zuletzt dort war, brauste der Mistral mit unvorstellbarer Gewalt über das flache Land hinweg. In der kleinen Küstenstadt selbst war davon freilich nicht viel zu spüren, weil sie nach dem Vorbild ägäischer Inselstädte so verwinkelt gebaut ist, daß der Sturm an den verschachtelten Gassen buchstäblich zerbricht. Nur sein wütender Orgelton erfüllte die Luft. Unten in der dunklen Krypta der Wehrkirche war es hingegen überraschend heiß und schwül.

Diese Krypta ist das Zentrum aller Zigeunerwallfahrten, die seit dem Mittelalter alljährlich zweimal – im Mai und im Oktober – die Küste in ein Bacchanal von Farben, Geräuschen und Gerüchen verwandeln. Der Glaube der Zigeuner ist eine recht sonderbare Mischung aus Aberglauben, Heidentum und tiefer Religiosität. Er konzentriert sich ausschließlich auf die Statue der Sara; die beiden Marien sind oben im Kirchenschiff in kleinen Nischen aufgestellt und wirken etwas bläßlich im Vergleich zu dieser schwarzen Figur, die das ganze Jahr über mit zahlreichen Gewändern bekleidet ist, von denen etliche golddurchwirkt und dementsprechend kostbar sind. Das Antlitz der Statue ist von dunkler, fast schwarzer Farbe, was einerseits auf die Legende zurückgehen mag, andererseits aber auch durch die ständig brennenden Kerzen und deren rußigen Qualm verursacht worden sein kann. Den Altar der Krypta bildet eine Marmorplatte, die einst zu einem römischen Sarkophag gehörte. In einer Schatulle auf dem Altar häufen sich neben zerknitterten Geldscheinen auch Photographien, die von den Zigeunern hier hinterlassen werden. Papierrosen in den schreiendsten Farben, Dutzende von Postkarten, alle natürlich an die heilige Sara gerichtet, mit blumenreichen Anreden, welche die Sara abwechselnd in den Rang einer heidnischen Prinzessin und einer katholischen Heiligen erheben – aber auch rührende Erinnerungsstücke wie orthopädische Kinderschuhe, Krücken oder ein kleines Herz mit Goldüberzug verwandeln den sakralen Raum in eine Art Devotionalienladen.

Wie aber kam es dazu, daß sich die Zigeuner zuerst der Verehrung zweier morgenländischer Marien anschlossen und dann kurzerhand daraus ausschließlich eine mächtige und inzwischen sicher weltberühmte Pilgerbewegung zu Ehren einer schwarzen Prinzessin namens Sara machten? Immerhin ist das erste Auftreten von Zigeunern auf europäischem Boden erst seit dem

Jahre 1100 nachweisbar, als die ersten Zigeunerstämme, aus Kleinasien kommend, plötzlich auf dem Berg Athos auftauchten. Aus dem frühen 15. Jahrhundert gibt es dann Hinweise auf das Vorhandensein von Zigeunern in Mitteleuropa, wobei es in der zweiten Hälfte des Jahrhunderts zu einem ersten Zusammenschluß von einzelnen Stämmen kam, die sowohl über den Balkan als auch über Gibraltar und Spanien bis nach Frankreich vorgedrungen waren. Jedenfalls darf man davon ausgehen, daß sich gegen Ende des Jahrhunderts die ersten Zigeuner plötzlich in Les Saintes-Maries-de-la-Mer einfanden und dort mit der spontanen, hingebungsvollen Verehrung ihrer schwarzen Prinzessin begannen.

Übrigens geht der Wallfahrtsritus – die Statue der schwarzen Sara wird ins Meer getragen und ins Wasser getaucht – auf uralte Traditionen zurück, die zum Beispiel in der persischen Mythologie nachweisbar sind. In ihrem Dialekt nennen die Zigeuner die Statue ja «Ischtari», und es gibt Forscher, die daraus den Namen der Astarte, also einer asiatischen Gottheit ableiten. Zudem gibt es keine vernünftige Erklärung dafür, weshalb bestimmte Zigeunerstämme so beharrlich die Camargue aufsuchen und unterm Deckmantel christlichen Zeremoniells einen zutiefst heidnischen Kult betreiben. Die sogenannten Chalderasch zum Beispiel, eine andere große Zigeunergruppe Europas, kümmern sich keinesfalls um diesen Kult und kennen auch keine Verehrung der Sara.

Noch vor einem Vierteljahrhundert war die Camargue weitgehend unberührt. Seit damals freilich schossen Villen und gräßliche Imitationen von provenzalischen Bauernhäusern sowie zahllose Feriensiedlungen rings um Les Saintes-Maries-de-la-Mer aus dem ehemals sumpfigen Boden; und während man früher nur ein paar Steinwürfe südlich von Arles schon auf die ersten Stierherden und die berühmten Wildpferde traf, muß man gegenwärtig bis ins Schutzgebiet der großen Lagune vordringen, um wenigstens Überreste dieser Ursprünglichkeit anzutreffen. Wer heute die gutausgebauten Straßen von Arles nach Süden benützt, kann zwischen Reitbah-

Arles. Blick auf die Alyscamps. Stich aus dem 19. Jahrhundert.

nen und luxuriösen Gasthöfen wählen, sich pseudo-rustikalen Genüssen hingeben, die zwar ihre bequemen Vorzüge haben, aber nichts mehr vom Charakter des Landes verraten. Und trotzdem verströmt die Camargue auch heute noch einen besonderen Zauber. Der Himmel wirkt hier manchmal noch wie glatte Seide, tiefblau mit weißen Spinnennetzen darin, und im stumpffarbenen Graubraun der salzverkrusteten Weiden stehen die schwarzen Punkte der Stiere. Drüben in Saint-Louis-du-Rhône, direkt an der Mündung des Stroms, der wie ein breiter Löffel ins Mittelmeer fällt, gewinnt die Wildnis fast so etwas wie Charakter; selbst die Salinen und Salzberge verschwinden hier noch in der Landschaft. Auf kleinen quadratischen Grasflekken, die wie grüne Tümpel im Blaugrau des Wassers wirken, stehen schmutzigweiße Pferde bis zu den Flanken im Morast. Zähes, verfilztes Gestrüpp und riesige, abgestorbene Bäume liegen wie Tiere im Schlamm. Der Übergang des Festlandes in die sanfte Dünung des Meeres ist kaum noch erkennbar. Der Hafen von Saint-Louis hat levantinisch-mediterranen Charakter. Südfrankreich, die Provence verlieren sich hier an die uralten Mythen der Vergangenheit, als noch Phönizier und Griechen an diesen Küsten den Handel beherrschten. Und die aus dem fernen Dunst aufragende Silhouette von Marseille mutet so unwirklich an, daß man beinahe an eine Fata Morgana glaubt.

«La Farandole» – provenzalischer Rundtanz.

Die Camargue, heute längst schon zum unentbehrlichen Requisit sozialtouristischer Unternehmungen geworden und teilweise auch als Schauplatz für die Vergnügungen einer zahlungskräftigen Schickeria mißbraucht – in besonders distinguierten Etablissements spielen die obligatorischen Zigeuner zum Tanz auf, während sich die Gäste als Gardians verkleiden –, diese Camargue ist in einem Maße zivilisiert, das heißt verfremdet worden, daß sie jetzt wie ein verunglückter Clown unter dem seidigen provenzalischen Himmel liegt. Sarazenen, Römer, Griechen, Phönizier – alle Rassen, Erfahrungen, Erinnerungen verschwinden allmählich aus dem Bewußtsein der Menschen. Die Mülldeponien entlang der Straßen und in den neuen künstlichen Feriensiedlungen wachsen. Autos fahren bis auf wenige Schritte an die letzten Stiere heran, die verstört in den Sumpf flüchten. Es mutet manchmal fast verrückt an, hilflos mitansehen zu müssen, wie eine große Landschaft stückweise abstirbt, ihre Geheimnisse und Wunder zum Gegenstand merkantiler Spekulation werden und sogar der unverwechselbare provenzalische Himmel langsam von den Rauchschwaden eingetrübt wird, die aus den neuentstandenen Industriezonen aufsteigen.

Der Mistral, so meint man in der Provence, gehorche einem geheimnisvollen Gesetz, das auf der Zahl «drei» beruhe. Wenn er nämlich am Abend des dritten Tages nicht abflaue, so blase er drei Tage weiter; und hat er sich auch am sechsten Tag nicht beruhigt, so sei mit weiteren drei Tagen eisigen Sturms zu rechnen. Im übrigen verstumme er ebenso unvermittelt, wie er zu wehen beginne. Seinen Namen leitet man vom lateinischen «magistralis» ab, also: der Meister der Winde, und genau das ist dieser gewalttätige, unberechenbare Mistral auch, der wie die vergleichbare Bora an der Adria hier mit unerhörter Wucht durch das Rhônetal ins Mittelmeer fegt und mit seiner Gewalt sogar selbst Eisenbahnwaggons, Autos, aber auch kleinere Brücken gefährdet. Der englische Reiseschriftsteller Arthur Young schrieb am 3. Januar 1786 in sein Tagebuch: «Es herrschte so ein wütender Mistral, begleitet von so viel Schnee, daß ganze Herden vier oder fünf Meilen von ihrem Weideland hinweggefegt wurden. Fünf Hirten waren mit achthundert Tieren nach Marseille unterwegs; drei von ihnen und alle Schafe gingen zugrunde.» Und aus dem Jahre 1875 wird erzählt, daß der Mistral die Rhônebrücke bei Tarascon fortgerissen haben soll.

Ich bin dem Mistral erstmals vor mehr als zwanzig Jahren in einer sternklaren Februarnacht begegnet. Ich war damals im kleinen, freundlichen Hotel «Vincent van Gogh» an der Place Lamartine in Arles abgestiegen, und nachdem ich mich einige Tage lang in diesem vielleicht schönsten, jedenfalls bekanntesten Teil der Provence aufgehalten hatte, war alles für die Weiterreise am nächsten Morgen vorbereitet. Mitten in der Nacht erwachte ich plötzlich von einem eigentümlichen Geräusch. Das ganze Haus zitterte. Draußen vor den verschlossenen Jalousien dröhnte es, wimmerte, grunzte, schrie eine Stimme, die auf so täuschende Weise menschlich klang, wie man das sonst nur in einem Horrorfilm erlebt. Ich wollte auf eine kleine Balustrade treten, die meinem Zimmer vorgebaut war, um mir das Schauspiel zu dieser verrückten Sturmstimme anzusehen. Aber kaum hatte ich die Tür einen winzigen Spalt geöffnet, als ein gewaltiger Windstoß sie mir aus der Hand riß und mich bis in die Mitte des Zimmers zurücktrieb. Ich sah nur, daß dicht über den Dächern ein paar kleine weiße Wolken mit unvorstellbarer Geschwindigkeit dahinflogen, so daß ich einen Augenblick lang dachte, es sei der vom Sturm aus den Kaminen gerissene Rauch; aber es waren tatsächlich Wolken, die wie Federn über Arles hinwegtanzten.

Die ganze Stadt ächzte in jener Nacht unter dem Anprall des Mistral, und es hätte mich kaum überrascht, wenn auch das schwärzliche Wasser der Rhône übers Ufer gewirbelt worden wäre. Anderntags freilich, als ich schon unterwegs war nach Aigues-Mortes, erinnerte nur noch ein steifer Nordost an den nächtlichen Sturm.

Die Tage zuvor jedoch waren damals wie ein frühlingshafter Rausch gewesen. Nach einer langen Nachtfahrt über die Straßen Italiens direkt aus der winterlichen Eiswüste Österreichs landete ich in der sonnigen Provence, und ich erinnere mich noch gut an dieses befreiende Gefühl von Fröhlichkeit, während ich gegen neun Uhr morgens über die Avenue Victor-Hugo hineinrollte nach Arles. Man kann eine Stadt lieben wie einen Menschen, und als ich unlängst bei einem deutschen Autor eine etwas verächtliche Bemerkung über die verwinkelten Gassen und einige düstere Quartiere in der Altstadt von Arles las, war ich betroffen, als hätte man einen guten Freund verleumdet. Aber Arles teilt nun einmal das Schicksal aller berühmten Städte mit bewegter Vergangenheit: Nur die antiken Ruinen, nur die Zeugen einer bemerkenswerten Geschichte, nur das Mirakulöse, nur das, was an das römische Arelat erinnert... also nur das Gewesene, Abgestorbene findet noch Gnade vor den Augen der interessierten Betrachter, die sich mit einer gewissen touristischen Gleichgültigkeit über diese facettenreiche Stadt beugen, als wäre sie nichts anderes als ein zwar exotisches, doch längst verstorbenes Insekt.

Nun ist es tatsächlich auf eine tragikomische Weise erheiternd, immer wieder nur die Geschichte des römischen Arelat und einstigen Königreichs Arles zu lesen und bestenfalls als kunsthistorisches Dessert ein wenig Vincent van Gogh und Frédéric Mistral vorgesetzt zu bekommen. Aber was an Arles wirklich fasziniert, ist die Gegenwart, das sind die intensiven Farben und Farbnuancen; was diese vielleicht berühmteste Stadt der Provence über alle vergleichbaren Städte erhebt, ist der unverwechselbare Rhythmus einer Landschaft, die man als Ganzes begreifen muß, um zu erkennen, daß sie kein Pendant hat: die Camargue, Les Baux, Tarascon, Avignon, Aix, die Felsenhügel der Alpilles und die Lagunen im Süden; diese Kulissen machen Arles erst zu dem, was es heute ist. Die kleinen dunklen Schenken in der Altstadt, wo man zumindest in den Wintermonaten, wenn der Strom der Touristen ausbleibt, das beste gekochte Rindfleisch essen kann, das spanische Café am Boulevard Georges-Clemenceau, die kampierenden Zigeunerfamilien auf der Place Lamartine und die langen Kolonnen hochbeladener Camions unterwegs aus Katalonien nach Marseille und Genua, aber auch die verträumte Stille in den abgeschirmten Quartieren am Rhôneufer oder die kleinen altmodischen Gasthöfe im Weichbild der Stadt – alles das macht den heimlichen Ruhm einer Stadt aus, die

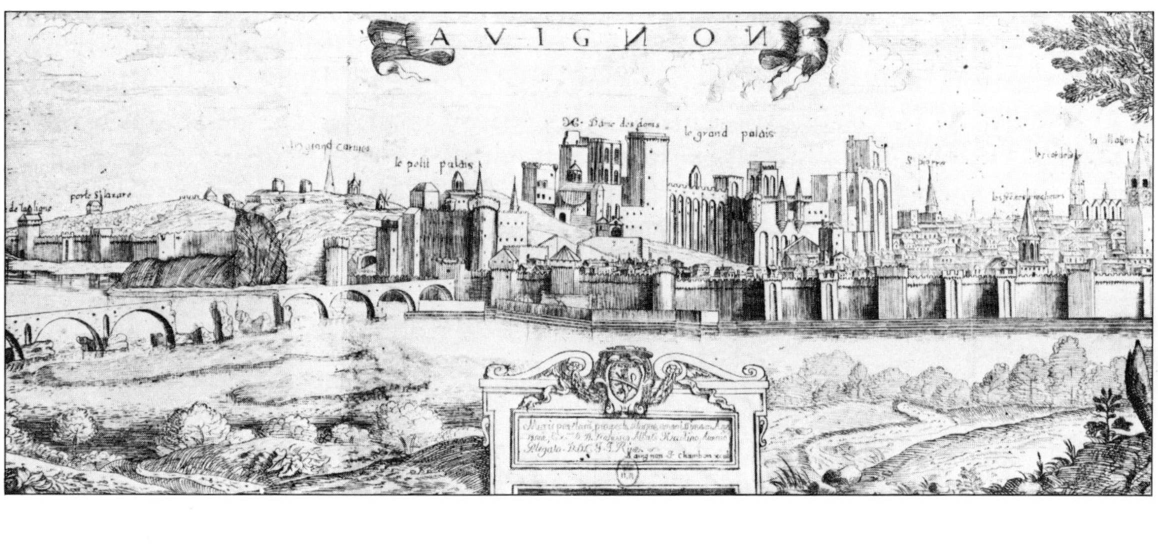

Gesamtansicht von Avignon. Stich aus dem 17. Jahrhundert.

sich immer noch nicht aus der Umklammerung großer Geschichte zu befreien vermag, um endlich ein eigenständiges Leben führen zu dürfen. Denn was Kaiser Honorius im Jahre 418 schrieb, hat ja im Grunde auch heute noch seine Gültigkeit: «Arles ist so glücklich gelegen, sein Handel ist so tätig und die Kaufleute kommen in solcher Zahl hierher, daß alle Erzeugnisse der Welt in die Stadt geleitet werden.»

Es haben sich freilich seit dem frühen fünften Jahrhundert die Akzente längst verschoben. Arles ist heute, obgleich weltoffener als manche mitteleuropäische Großstadt, tiefste französische Provinz mit allen damit verbundenen Vorzügen und Nachteilen; dort, wo es dem Fremdenverkehr seine steingewordenen Attraktionen anzubieten vermag, bricht es scheinbar aus diesem provinziellen Dunstkreis wieder aus; da aber, wo es in sich selbst ruht, es provenzalisch ist auf diese eigentümliche Weise, wie es vielleicht nur der Dichter Frédéric Mistral erfaßt hat, streift es mühelos alles Kleinbürgerliche ab, ohne deshalb aus seiner Rolle als südfranzösische Kleinstadt zu fallen. Es ist in diesen Augenblicken von einer beglückenden Einheit: Farben, Gerüche, Gestikulationen, der langsame, ein wenig schläfrige Rhythmus des Lebens, die Heiterkeit provenzalischer Menschen, die selbstverständlich anmutende Vermischung der Rassen und das organische Gewachsensein aus einer großen Vergangenheit. Arles ist wie eine Katze unter der Sonne: anmutig, verspielt und charmant. Und nur die düsteren Sarkophage der Alyscamps vor der Kirche Saint-Honorat oder manche Szenen in den Wandelgängen des Kreuzgangs der Kathedrale von Saint-Trophîme erinnern daran, daß die Geschichte dieser Stadt auch düstere Momente gekannt hat.

Grabmal von Frédéric Mistral in Maillane.

Der deutsche Kunsthistoriker Wilhelm Hausenstein hat wahrscheinlich die vorzüglichste Interpretation dieser in der zweiten Hälfte des 12. Jahrhunderts geschaffenen Skulpturen der Kathedrale gegeben, und gerade weil dies alles in einem so eigenartigen Kontrast zum gegenwärtigen Arles steht, sollte man sich damit beschäftigen. Hausenstein schrieb unter anderem: «Alles ist so in Stein gebildet, wie Barbaren es tun; die griechischen Hänge der Falten, die gescheitelten Haare, die geschlichteten Bärte können die barbarische Hand des Bildhauers nicht vergessen machen. Die Figuren sind gnomisch; große Köpfe sitzen auf kurzen Hälsen und winzigen, aber furchtbar gedrungenen Gestalten; die heiligen Personen scheinen ein Geschlecht arger Zwerge zu sein; chimärische Köpfe schauen aus steinernem Laubwerk, das der Antike kräftig nachstrampelt. Das Christliche und das Barbarische sind ineinander gespiegelt; ineinander geschlungen sind sie wie Sünde und Tugend.»

Was Hausenstein hier für die Szenen im Kreuzgang der Kathedrale an Begriffen gefunden hat, trifft in einem anderen und keineswegs mehr kunsthistorischen Sinn für die ganze Stadt zu. In der mächtigen Arena des Amphitheaters werden die Stiere der Camargue zu Tode gehetzt; im Museon Arlaten kann man eine der eindrucksvollsten lokal-ethnographischen Sammlungen Europas bewundern; und zwischen den Trümmern des einstigen römischen Forums wird mancher über die Vergänglichkeit von Weltreichen und politischen Machtansprüchen nachdenken. Aber die beiden uralten Begriffe Sünde und Tugend beherrschen immer noch die Stadt der Ruinen, Stierkämpfe und des heiteren, lässigen Lebensstils.

Der kleine Gasthof am Place Lamartine, in dem ich damals im Februar abgestiegen war, wurde von einer resoluten Madame geleitet, die tagsüber wie ein lebhafter Vogel durch das Haus flatterte. An einem Februartag des Jahres 1888 war auch Vincent van Gogh erstmals nach Arles gekommen, und er wohnte dann bis zum Mai des folgenden Jahres neben einem Bistro, es hieß übrigens «La Civette Arlesienne», an der Place Lamartine. Das durch ihn berühmt gewordene «Café de Nuit» ist jetzt ein Restaurant mit Bar. Aber es existiert dort heute noch ein Tabakladen mit einer kleinen Bar; dieses Lokal heißt gleichfalls «La Civette Arlesienne», allerdings liegt es einige Meter hinter dem ursprünglichen Haus, in dem van Gogh lebte. Hier ereignete sich im Dezember 1888 auch jener tragische Zwischenfall, der das rabiate Genie ein Ohr gekostet hat. Der Maler war dann einige Tage später ins alte Hospital von Arles gebracht worden.

Aber nicht van Gogh ist es, der Arles geprägt hat; ebensowenig wie Cézanne Aix-en-Provence in irgendeiner Weise geformt hat. Sondern es sind immer noch die Stiere, die zumindest im späten Frühjahr, im Sommer für Arles charakteristisch erscheinen. Denn hier im äußersten Süden Frankreichs hat sich das Volk noch seine blühende Phantasie bewahrt, will man das

Abenteuer, den Mythos vom Tod gewissermaßen vor der Haustür haben. Dabei sind die Stiere aus der Camargue mit den andalusischen Kampfstieren keineswegs vergleichbar. Aber die Begeisterung ist hüben wie drüben die gleiche, und es gibt wohl nur wenige Bars und Restaurants in Arles, wo sich nicht irgendwelche farbenfrohen, grellbunten Erinnerungen an Stiere und Stierkämpfer finden. Ein Stierkampf in Arles ist wie ein großes, mitreißendes Volksfest; bis zu 20 000 Besucher strömen dann in das römische Amphitheater, und im Gegensatz zu vielen südspanischen Arenen sind hier nicht die Touristen in der Überzahl.

Und noch etwas ist für Arles charakteristisch: die Erinnerung an Frédéric Mistral, an den bedeutendsten Poeten und einzigen Nobelpreisträger der Provence. Auf der Place du Forum in Arles steht ein etwas merkwürdiges Denkmal, umzäunt von einem schmiedeeisernen Gitter. Das Gitter hat die Form eines dreizackigen Spießes, wie ihn die Gardians in der Camargue verwenden, um die wilden Stiere in Schach zu halten. Das Denkmal selbst stellt einen Herrn mit Spazierstock und breitkrempigem Hut dar, der seinen Mantel dekorativ überm Arm trägt. Es ist natürlich Mistral. Und im Vorhof des Rathauses von Arles stehen die Worte eingegraben: «Metropole eines Imperiums, Hauptstadt eines Königreiches, Mutter der Freiheit...» Auch das stammt von Mistral und ist im Grunde die Chronik von Arles in der denkbar prägnantesten Form. Man sagt von Mistral, daß er ein Genie der Übertreibung gewesen sei, von der kuriosen Neigung besessen, alles unter dem Gesichtspunkt des Außerordentlichen und Wunderbaren zu sehen. Nun, wenn diese Meinung zutrifft, dann war Mistral in der Tat ein echter Provenzale. Aber er hat wesentlich mehr geleistet, denn ihm und seinen Freunden war es immerhin zu danken, daß nicht nur in der Provence, sondern im ganzen französischen Süden eine Wiederentdeckung und Wiederaufwertung des Lokalkolorits und der Folklore entstanden ist. Und für ihn war Arles, diese schöne alte Stadt mit dem Amphitheater, der römischen und christlichen Nekropole mit ihren honigfarbenen Säulen, die heimliche Hauptstadt der Provence, die Seele ihrer Mythen und Riten, der Stern ihrer Hirten, die ihre riesigen Schafherden zwischen den windüberschwemmten Hügeln im Landesinneren und den überwachsenen Abteiruinen im Mündungsgebiet der Rhône auf die Weiden führen.

Provenzalische Landschaftsskizze.

Arles ist aber auch – wie Aix, Nîmes oder Avignon – so etwas wie ein Klein-Paris des Südens, eine Stadt der melancholischen Anmut freilich, der leichten Lebensart, die stets ein wenig somnambul anmutet. Es sei heute auf dem Wege, eine tote Stadt zu werden, behaupten manche Beobachter. Mag sein, wenn man es vom wirtschaftspolitischen und soziologischen Standpunkt aus betrachtet. Man hat Sorgen in Arles. Es sind das die Sorgen der ganzen Provence. Der Fremdenverkehr in den wenigen Sommermonaten allein genügt nicht. Die jungen Leute wandern ab nach Marseille oder Paris. Überall in dieser schönen Region sind Veränderungen eingetreten, die schmerzlich sind für die Liebhaber der Provence. Zwischen Montélimar und Orange, also nördlich von Arles, wurden die Kernkraftwerke von Pierrelatte und Marcoule an den Ufern der Rhône errichtet; und direkt am Zusammenfluß von Durance und Verdon liegt ein Atomforschungszentrum; in der Haute Provence auf dem Plateau d'Albion hat die französische Armee zahlreiche Raketensilos installiert, in denen nukleare Sprengköpfe auf den Augenblick der Apokalypse warten. Und in der südlichen Provence, direkt an der Rhônemündung, ist eine der größten Erdölraffinerien Europas entstanden, wobei es nur zwangsläufig schien, daß sich auch riesige petrochemische Fabriken etablierten. Der einstmals idyllische Golf von Fos ist heute längst zerstört, und schließlich hat man in den Alpilles, deren romantisches Zentrum die Ruinenstadt Les Baux ist, mit dem Abbau von Bauxit in einer Form und einem Ausmaß begonnen, das befürchten läßt, daß demnächst auch hier ein gigantisches, die Landschaft radikal veränderndes Industriezentrum himmelwärts wachsen könnte.

Vor einem Vierteljahrhundert noch sagte man über Arles und die Provence, daß es ein markantes Beispiel sei für den Zustand der französischen Provinz: stehendes Wasser, darin es nicht einmal mehr gärt. Damals konnte man die unzerstörbare Vitalität des Südens entgegenhalten. Heute haben sich die Verhältnisse ganz entscheidend verändert. Es ist nicht mehr bloß die Heißblütigkeit und Fröhlichkeit der mediterranen Menschen, gepaart mit einem uralten Erbe, das für Entwicklung im Kontinuum garantiert. Heute hat man begriffen, daß eines der letzten Paradiese Frankreichs vorzüglich geeignet scheint als Schauplatz für eine neue industrielle Revolution. Und ein Ende dieser Entwicklung ist noch lange nicht abzusehen.

Die Provence – ein Land mit vielen Gesichtern

Kann ein Land mehr Gesichter haben als die Provence? Die Frage ist kaum zu beantworten, denn jeder Betrachter wird sie verschieden auffassen. Aber es muß etwas Faszinierendes von dieser Landschaft ausgehen – wie sonst wäre es zu erklären, daß alljährlich Millionen Menschen hierher kommen, um die einzigartigen Zeugnisse griechischer und römischer Antike zu sehen, Eindrücke von mittelalterlicher Baukunst in einer typisch mediterranen, nein provenzalischen Prägung zu sammeln, Spuren menschlicher Bemühungen zur Bewältigung der Natur nachzugehen oder schlicht die Landschaft zu bewundern.

So ist man schon mitten in dem Dilemma, wie die Provence am besten zu beschreiben ist. Wird man ihr wirklich heute noch gerecht, wenn man auf die frühere wirtschaftliche und kulturelle Bedeutung hinweist angesichts riesiger Hochöfen, die sich anschicken, die französische Stahlproduktion zu verdoppeln? Oder ist es noch gerechtfertigt, von einer unberührten Natur mit all ihren Schönheiten zu sprechen, aber an den Stränden kaum einen Platz zu bekommen – vorausgesetzt, man ist nicht vorher irgendwo in einer langen Autoschlange steckengeblieben? Begegnet man dem Provenzalen noch, den uns Frédéric Mistral beschreibt, unter einer Bevölkerung, die sich heute zunehmend in den Städten konzentriert und deren Anteil an Immigranten, insbesondere Nordafrikanern, immer höher wird? Kann man noch die Rhône als den Fluß verstehen, der die Provence prägt, nachdem er in seinem gesamten Unterlauf kanalisiert, zur Elektrizitätsgewinnung genutzt und als Kühlwasser für Atomkraftwerke aufgeheizt worden ist? Findet man noch jene Camargue, die als eine der schönsten amphibischen Landschaften Europas gilt, in Anbetracht der Tatsache, daß sie heute für den Tourismus weitgehend «umfunktioniert» wurde? Entdeckt und erlebt man also noch die Provence, die über Jahrhunderte hinweg die Künstler des Landes angezogen hat; Künstler, die diese Landschaft eingefangen haben und durch die sublimierende Brille der Kunst vielleicht dazu beigetragen haben, daß man das Bild der Provence heute mancherorts etwas korrigieren muß? Nicht aufgeben! So viele Menschen können sich nicht irren. Aber man muß sich vor Augen halten, daß die Zeit schnellebig geworden ist, die moderne Technologie des 19. und 20. Jahrhunderts sprunghafte Veränderungen auslöste, mehr Veränderungen, als sich zuvor in Jahrtausenden vollzogen haben! Und gerade in der Provence trifft dies besonders für die letzten Jahrzehnte, in denen der französische Staat mit großem politischen und materiellen Aufwand das Konzept der Dezentralisierung durchführte, zu.

Mit der Konzentration der Wirtschaft im Norden, spätestens seit dem Absolutismus, verlor die Peripherie zweifellos an Bedeutung, bewahrte sich dabei aber auch vor einem Identitätsverlust, der heute als große Gefahr, nicht nur für die Provence, droht. Für die Politiker ist das Schlagwort aber nicht «landschaftliche Identität», sondern «Disparität» – gemeint ist die ungleiche Gewichtung der Einkommen, der Wirtschaftskraft, des Fortschritts im Lande, und dieser Disparität muß man entgegenwirken, denn sie bedeutet gleichzeitig politische Opposition in diesen Peripherräumen, eine Opposition, die in der Provence nicht ohne geschichtliche Vorläufer ist. Die Provenzalen verstanden sich schon immer als Gegenpol zur Ile de France, und sie konnten sich darauf berufen, daß ihr Land schon in hoher wirtschaftlicher und kultureller Blüte stand, als Zentralfrankreich noch in der Phase der frühgeschichtlichen Auseinandersetzung zwischen keltischen und germanischen Urbewohnern lag. So sind die Gesichter der Provence heute verschiedener denn je, und es sind nicht nur lachende Gesichter, denen man hier begegnet.

Die Nahtstelle Europas

Die landschaftliche Vielfalt der Provence erklärt sich daher, daß sie an fast allen erdgeschichtlichen Phasen Anteil hat. Das Rhônetal stellt dabei das Bindeglied her zwischen dem alten

Der Hafen von Marseille um 1800.

Gesteinssockel des Zentralmassivs, dem noch jungen alpidischen Faltengebirge und dem Rhônedelta, dessen Bildung bis heute nicht abgeschlossen ist.

Auch das Zentralmassiv ist als Faltengebirge vor mehr als 400 Millionen Jahren entstanden. Im Laufe seiner langen Entwicklung unterlag es dann aber der zerstörenden Wirkung der Naturkräfte, die aus dem Faltengebirge ein Rumpfgebirge haben werden lassen. In die das Gebirge umgebenden Meere wurde das verwitterte Material abgetragen und dort in mächtigen Gesteinspaketen verfestigt, so im Pariser Becken im Norden, im Aquitanischen Becken im Westen, aber auch im Alpidischen Becken, eben dort, wo sich in späterer Zeit die Alpen aufgefaltet haben.

Dieser Vorgang der alpidischen Faltung ist noch sehr jung – zumindest erdgeschichtlich –, denn in absoluten Zahlen setzte er vor über 50 Millionen Jahren ein, als die Kontinentalplatten auf dem flüssigen Erdinneren aufeinander zutrifteten und damit die weicheren Gesteine in den Ablagerungsbecken auffalteten. Der alte Gebirgsstock des Zentralmassivs wurde bei diesem Vorgang lediglich gehoben, er zerbrach in Horste und Schollen, die sich gegeneinander verschoben. Entlang der Schwächelinien ergoß sich das glühende Erdinnere und bildete ein neues Stockwerk, das sich auf den alten Rumpf setzte.

Bei dieser Hebung wurden am Rand auch die Sedimente aus den umgebenden Trögen mit aufgewölbt. Sie finden sich heute fast überall an der Peripherie des Zentralmassivs – mächtige Kalksedimente der Jura- und Kreidezeit, in denen sich Höhlensysteme ausgebildet haben, welche den prähistorischen Menschen schon als Unterschlupf dienten, oder dort, wo sich die Natur in Form von Tropfsteinhöhlen ihre eigenen Kunstwerke geschaffen hat.

Dabei sind auch unterschiedliche Landschaftstypen entstanden. Die südlich an das Zentralmassiv angelagerten Plateauflächen der Causse beeindrucken mit ihren kahlen, verkarsteten Ebenen, die nur eine äußerst karge Nahrungsgrundlage sind. Dennoch haben sich die Schafbauern der Causse vor einigen Jahren heftig zur Wehr gesetzt, als man ihnen diesen doch

Fortsetzung Seite 25

Legenden zu den Bildern 1–63

1 und 2 Camargue.

3 Etang de Vaccarès.

4 Salin-de-Giraud.

5 Le Pont d'Avignon.

6 Die Ouvèze bei Vaison-la-Romaine.

7 Die Durance bei Cavaillon.

8 Die Sorgue bei Fontaine-de-Vaucluse.

9 Aigues-Mortes.

10 Romanische Figurengruppe aus der Kirche Saint-Trophime in Arles.

11 Die Abtei von Sénanque.

12, 16 und 18 Die Kartause des Val de Bénédiction in Villeneuve-les-Avignon.

13 Die Abbaye du Thoronet.

14 Die Kapelle Saint-Gabriel zwischen Tarascon und Fontvieille.

15 Die Zisterzienserabtei von Silvacane.

17 Das Theater von Orange.

19 Das Amphitheater in Arles.

20 bis 25 Häuser der Provence in Grignan, Oppède le Vieux, La Garde-Adhémar, Les Baux und Eygalières.

26 Bories in Village Noir bei Gordes.

27 Romanische Figuren an der Klosterkirche von Saint-Gilles.

28 Der Pont du Gard zwischen Uzès und Nîmes.

29 Gordes auf dem Plateau de Vaucluse.

30 und 31 Moustiers Sainte-Marie unterhalb der Verdonschlucht.

32 Weingut bei Oppède.

33 Gräber der Abtei von Saint-Roman bei Beaucaire.

34 und 35 Lavendelfelder.

36 Die Verdonschlucht.

37 Boulespieler.

38 bis 41 Dorfszenen in Sisteron.

42 Obst- und Gemüseladen in Sisteron.

43 bis 47 Dorfszenen in Apt.

48 Gasse in Oppède.

49 Veteran in Arles.

50 Der Hafen von La Grande-Motte.

51 In Arles.

52 Wildpferde in der Camargue.

53 Aufmarsch zur «Course de Cocardes» in Arles.

54 und 55 Schaf- und Ziegenherden in der Nähe der Verdonschlucht.

56 In Arles.

57 Großhändlermarkt in Châteaurenard bei Avignon.

58 Der Cours Mirabeau, die Prachtstraße von Aix-en-Provence.

59 Straßencafé in Nîmes.

60 Obsthändler in Orange.

61 Trödlerladen in Les Baux.

62 Avignon: Papstpalast und die Kathedrale Notre-Dame.

63 Das Château d'If vor Marseille.

3

4

7

8

unfruchtbaren Lebensraum auch noch beschneiden wollte, um das militärische Übungsgelände auf der Causse du Larzac auszuweiten.

Zwischen die Plateaus der Causse und das Rhônetal schieben sich die Cevennen als Südausläufer des Zentralmassivs mit ihren alten Gesteinsformationen, überwiegend geschieferte Gneise, als großer Keil zwischen die Kalkgesteine der Causse und die vorgelagerten Kalkablagerungen aus der Kreidezeit, die dann den eigentlichen Übergang zum Rhônetal bilden. In diesen alten Gesteinen sind Erz- und vor allem Kohleflöze eingelagert, die bei der frühen Industrieentwicklung der Provence im Gebiet von Alès und Bessèges eine wichtige Rolle gespielt haben.

Während die Cevennen noch einen sehr schroffen Charakter haben, weil sich die Flüsse tief durch das harte Gestein hindurchgesägt haben, wandelt sich das Vorland zu einer hügeligen Landschaft, in die kleinere Becken eingelagert sind. Diese Landschaft trägt die Bezeichnung «Garrigue» (Felsheide), eigentlich abgeleitet von der Vegetationsformation, die vor allem dort zu finden ist, wo das Kalkgestein an die Oberfläche tritt. In den Becken hat sich demgegenüber der Ackerbau ausgebreitet, weil sich hier Sand- und Lehmboden erhalten hat, auf dem die Landwirtschaft einen recht guten Standort vorfindet. Ein Plateau wie in der Causse liegt hier nicht mehr vor, was damit zusammenhängt, daß das Rhônetal einen großen geologischen Grabenbruch verkörpert, der ganz Europa durchzieht: Er setzt sich über die Burgundische Pforte in den Oberrheingraben fort, erfährt dann in den hessischen Senkenzonen eine leichte Richtungsänderung nach Nordosten und endet schließlich in der Ostsee.

Ein solcher Grabenbruch hat selten nur eine Bruchlinie, sondern es handelt sich um Bruchstaffeln, eine Bündelung von Brüchen, die parallel verlaufen, sich manchmal aber auch kreuzen und damit ein unterschiedliches Absinken der Schollen ermöglichen. Besonders dann, wenn verschiedene Druck- und damit Faltungsrichtungen wirksam werden konnten, wird dadurch eine sehr differenzierte Landschaft geprägt und geformt.

Dies ist besonders im Bereich der provenzalischen Gebirge der Fall, vor allem im Übergang zu den Alpen, wo sich die alpidische und die pyrenäische Streichrichtung kreuzen. Das Ergebnis dieser tektonischen Willkür ist eindrucksvoll vom Gipfel des Mont Ventoux aus zu erfassen: Fingerförmig erstrecken sich markante Kalkrücken, von den Alpen ausgehend, in das Rhônetal – die Montagne de Rachas östlich von Montélimar, der Ventoux selbst mit den vorgelagerten bizarren Dentelles de Montmirail, das Plateau de Vaucluse, an deren Fuß sich die von Petrarca besungene Fontaine befindet, die Montagne du Luberon, die ihre Fortsetzung in der Chaine des Alpilles findet, ganz im Süden die Montagne Sainte-Victoire bei Aix-en-Provence und die Chaine de l'Estaque, die letzte Barriere vor dem Mittelmeer.

Östlich an diese Kalkrippen, die sich quer zum Rhônetal stellen, schließt dann wieder eine Plateaulandschaft an, bevor es in die alten Gesteine der kristallinen Zentralalpen übergeht. Diese Plateaus sind tief zerschnitten, mit Schluchten von einzigartiger Schönheit durchsetzt, unter denen die berühmten Gorges du Verdon in der Kalkprovence, die Gorges du Tarn in der Causse miteinander an Berühmtheit wetteifern. An Schönheit können aber auch die vielen kleineren Schluchten mithalten, die sich überall in diese Kalklandschaft hineingefressen haben. Besonders im Küstenabschnitt zwischen Marseille und La Ciotat, wo die Kalkprovence in Klippen zum Meer hin abbricht, sind diese Schluchten durch das eindringende Meer «ertrunken». Diese «Calanques» stellen nicht nur wegen ihrer landschaftlichen Schönheit, sondern auch aufgrund eines günstigen Klimas Zentren des Fremdenverkehrs dar.

Neben den Calanques sind kleine Buchten, etwa von Cassis oder La Ciotat, ein landschaftliches Attribut dieses Küstenabschnitts. In ihnen sind malerische kleine Städte entstanden und die Strände längst vom Tourismus erobert.

Damit unterscheidet sich die Küste der östlichen von der westlichen Provence ganz deutlich. Westlich der Rhônemündung setzt sich nämlich die amphibische Landschaft der Camargue als mehr oder weniger breiter Küstenstreifen fort. Typisch sind die Etangs (Etang du Ponant, Etang de Mauguio, Etang du Méjean, Etang du Vic), die durch Nehrungen vom Meer abgetrennt sind. Für die Ausbildung dieser Lagunenküste sind Rhône und Meeresströmung gleichermaßen verantwortlich: Die Rhône transportiert mit unermüdlicher Kraft Material aus dem
< 9 Gebirge heran und lagert es in der Camargue ab. Ein Teil davon wird aber ins offene Meer wei-

Die Kathedrale Saint-Sauveur in Aix-en-Provence. Stich aus dem 19. Jahrhundert.

tergeführt und hier von der Meeresströmung im Löwengolf (Golfe du Lion) nach Westen «verfrachtet», schließlich wieder teilweise in langen Nehrungszungen und Dünenwällen abgelagert.

So ergibt sich im Übergang der Provence in das Languedoc hinein eine deutliche Dreigliederung der Landschaft: die versumpften Küstenebenen, die hügelige Garrigue(-Landschaft) und schließlich das Gebirge, das zum Zentralmassiv überleitet.

Das eigentliche Herzstück der Provence ist jedoch die Camargue, das Mündungsgebiet der Rhône, das sich südlich von Tarascon und Beaucaire deltaförmig zum Meer hin ausweitet. Die Rhône teilt sich bei Arles in einen westlichen und einen östlichen Arm – le Petit und le Grand Rhône. Beide Mündungsarme umschließen die Grande Camargue, während sich westlich der Petit Rhône bis zum Verlauf des Canal du Rhône à Sête die Petite Camargue erstreckt. Ehemals hatte der Fluß eine Vielzahl solcher Mündungsarme, der Mensch hat sich aber schon seit früher Zeit durch Trockenlegungen, Eindeichungen und Umleitungen die Camargue zunutze gemacht und die Rhône dabei zumindest teilweise gebändigt. Besonders seit dem 19. Jahrhundert ist sie weitgehend domestiziert, und die Regulierungen des 20. Jahrhunderts haben sie fast zu einem künstlichen Wasserlauf werden lassen. Dennoch ist sie nicht zu bezwingen. Die großen Überschwemmungen im Frühjahr 1982 haben gezeigt, daß der Mensch gegen Naturgewalten letztlich doch machtlos ist. Immerhin ist in Frankreich die Rhône der Fluß mit der stärksten Strömung und der höchsten Wasserführung. Mehr als zwei Millionen Liter pro Sekunde ergießen sich in das Mittelmeer, während es bei Hochwasser gelegentlich über zehn Millionen Liter werden können.

Der Untergrund der Camargue setzt sich aus feinem Material, vor allem Sand und Ton, aber auch aus Schottern zusammen, die von der Rhône bis nach hier transportiert worden sind. Der gesamte Graben des Flusses ist mit solchen Schottern gefüllt, auf denen sich dann teilweise sehr fruchtbare Böden abgelagert haben. Aber je weiter sich die Rhône von ihrem Ursprungsgebiet, den Walliser Alpen, entfernt, um so geringer ist ihre Transportkraft, deshalb werden die gröberen Schotter schon früher abgelagert. Bis zur Camargue gelangen dann im wesentlichen noch die Feinmaterialien. Jährlich werden etwa zwanzig Millionen Kubikmeter Feinschotter, Sand und Kies in das Delta transportiert, ein Volumen, das ganz Paris mit einer fünfundzwanzig Zentimeter dicken Schicht bedecken könnte. An manchen Stellen dringt das Delta bis zu fünfzig Meter pro Jahr in das Meer vor. An anderen Stellen bricht die Küste aber auch wieder ab. Saintes-Maries-de-la-Mer, das im Mittelalter einige hundert Meter von der Küste entfernt lag, muß heute durch einen Deich geschützt werden.

Einen kürzeren Transportweg hatte die Durance, als sie die große Schotterfläche der Crau aufschüttete. Die Chaine des Alpilles trennt dabei die südlich vorgelagerte Grande Crau, ein großer Schwemmfächer, den die Durance hier gebildet hat, bevor sie vor vielen tausend Jahren ihre Richtung änderte und nunmehr nördlich der Chaine des Alpilles auch noch die Petite Crau formte. Besonders die riesige Schotterfläche der Grande Crau ist bis heute, trotz erheblicher Anstrengung zur landwirtschaftlichen Inwertsetzung, ein großes Weidegebiet für die Schafherden, die während des Winters hier, im Sommer auf den Hochweiden der Alpen ihre Nahrung suchen. So gibt es «die» geographische Landschaft der Provence eigentlich nicht. Es sind viele Landschaften, die das Gesicht dieses Landes prägen, aber meistens zu völlig anderen Landschaftstypen überleiten. Das Phantastische ist, daß man alle diese Gebiete von einem Punkt aus überblicken kann: vom fast 2000 Meter hohen Mont Ventoux, einem der Wahrzeichen der Provence, der von Petrarca mit dem Olymp und dem Berg Athos verglichen wurde. Nur wenige Teile der Provence entziehen sich vom Gipfel des «Ventosus» aus dem Blick, der Berg ist für den Betrachter ein aufgeschlagenes Buch der Erdgeschichte.

Mistral und Garrigue – die Attribute der Provence

Wenn der Mont Ventoux ein landschaftliches Wahrzeichen der Provence ist, so trägt er den Namen eines zweiten Wahrzeichens, nämlich des Windes. Aber nicht irgendeines Windes, sondern des Mistral, der auf dem Gipfel mit ungebremster Kraft fast ständig weht, selbst wenn er im Tal nur als leichte Brise zu spüren ist. Der Mistral ist ein Charakteristikum der Provence, wozu dienten sonst die vielen Windschutzhecken, die um Häuser und Äcker entlang von Straßen und Wegen angelegt sind? Er gehört zur Gruppe der Fallwinde, die im Mittelmeerraum an vielen Stellen wirksam sind. Das erklärt sich aus dem landschaftlichen Gegensatz zwischen Gebirgen und Beckenstrukturen, wobei die kalte, spezifisch schwerere Luft in die Niederungen und in das Mittelmeerbecken abfließt. Im Rhônetal verstärkt sich dieser Effekt gewaltig, da die Grabenstruktur eine Düsenwirkung erzeugt, wenn die Kaltluft nach Süden in den Golfe du Lion strebt.

Vor allem im Übergang der Jahreszeiten bläst der Mistral häufig und mit andauernder Wucht, und während des Winters beschert er vielerorts Kaltlufteinbrüche, die Obst- und Gemüsekulturen gefährden. Selbst die Leitpflanze des Mittelmeerraumes, der Ölbaum, erliegt manchmal diesen Frosteinbrüchen, obwohl er erst südlich von Montélimar vorkommt und damit ja schon eigentlich im rein «mediterranen» Teil Südfrankreichs, eben der Provence. Aber er ist sehr frostempfindlich, und als 1956 Temperaturen von 18 Grad unter dem Gefrierpunkt in der Garrigue von Nîmes gemessen wurden, fielen viele Olivenbestände diesen «arktischen» Temperaturen zum Opfer. Bis heute haben sich die Spuren dieses Kälteeinbruchs im Landschaftsbild erhalten. Solche Extreme sind glücklicherweise die Ausnahme, denn eigentlich hat die Provence schon das typisch mediterrane Klima mit angenehmen Sommern, mit Durchschnittstemperaturen im August von 21 Grad, selbst im Januar werden durchschnittlich 8 Grad gemessen. Niederschläge fallen im Sommer meist nur in Form von Starkregen oder Gewitterschauern, die meist nach kurzer Zeit wieder einem strahlend blauen Himmel Platz machen. Die Hauptniederschläge fallen im Herbst und Frühjahr, aber auch dann regnet es in der Provence nicht so stark wie in anderen Mittelmeerländern. In Marseille beträgt der Niederschlag jährlich nur 550 Millimeter, in Nîmes 712 Millimeter. Selbst Nizza hat mit 880 Millimetern mehr.

Der geologischen, topographischen und klimatischen Vielfalt entsprechend, ist die Flora der Provence eine der artenreichsten im ganzen Mittelmeerraum. Eine charakteristische Pflanzenformation bildet die Garrigue mit niedrigen Sträuchern, durch die immer wieder das anstehende Gestein ragt. Die Garrigue ist allerdings nicht die angestammte Pflanzenbedeckung, sondern eine Folgevegetation. Ursprünglich gab es hier wie in anderen mediterranen Ländern lichten Wald mit Steineichen, Korkeichen oder anderen immergrünen Laubbäumen. Schon seit der Antike, aber auch noch während des gesamten Mittelalters und bis in die Neuzeit hinein, wurden diese Wälder durch den Menschen zerstört. Unter den gegebenen klimatischen Bedingungen erfolgte ein rasches Abspülen der entblößten, ohnehin nur dünnen Bodendecke und damit der Lebensgrundlage der Pflanzen. Nur in Mulden, Nischen, flachen Talzügen und Becken blieb zumindest teilweise der Boden erhalten. Wo der Boden nicht landwirtschaftlich genutzt wurde, entwickelte sich – vor allem auf Kalkgestein – als Ersatzgesellschaft die Garrigue. Ihre charakteristischen Elemente sind unter anderem Lavendel, Thymian, Rosmarin, Salbei, Asphodelos, Wolfsmilch und verschiedene Wildtulpen. Viele dieser Kräuter und Gräser finden sich als «Herbes de Provence» in den Feinschmeckerküchen der ganzen Welt.

Fos-sur-Mer.

Bei etwas günstigeren Bodenverhältnissen und höheren Niederschlägen wächst die Macchie, in der noch zahlreiche baumartige Pflanzen vorkommen. Hierzu gehören insbesondere Steineichen, baumartige Erikagewächse, Judasbaum, Mastixstrauch, Erdbeerbaum, Kermeseiche, verschiedene Ginster- und Zistusarten, Lorbeer, Myrte, Oleander.

Wald findet sich allerdings auch heute noch, trotz des jahrhundertelangen Raubbaus durch den Menschen. In den Kalkgebieten der westlichen Provence sind es ausgedehnte Aleppokieferbestände, die dann im Maures- und Esterel-Bergland von Seestrandkiefern abgelöst werden. Wenngleich heute enorme Anstrengungen zur Erhaltung beziehungsweise Erneuerung der Pflanzenbestände unternommen werden, kommt es doch alljährlich zur Zerstörung großer Areale durch Brände, von denen nur jeder zwanzigste auf natürliche Ursachen (etwa Blitzschlag) zurückgeht. Die meisten Brände entstehen durch die Unachtsamkeit von Touristen – trotz hoher, abschreckender Strafen. Im 16. Jahrhundert drohte demjenigen noch der Strang, der ein offenes Feuer in der Nähe eines Waldes entfachte, und Napoleon erließ gar die Anweisung, daß Brandstifter direkt am Ort ihrer Missetaten zu erschießen seien. Neben den heimischen Pflanzen sind die zahlreichen Arten zu erwähnen, die durch den Menschen in die Provence eingeführt wurden und heute als Nutz- oder Zierpflanzen große Bedeutung haben. Den für den gesamten Mittelmeerraum charakteristischen Ölbaum und die Weinrebe brachten Phönizier und Griechen nach Südfrankreich. In der weiteren Geschichte führten die Invasoren jeweils Pflanzen ein, die heute aus der Flora der Provence nicht mehr fortzudenken sind. Den Römern verdankt sie eine der heute wohl typischsten Baumarten, die Säulenzypresse, und den Arabern den Johannisbrotbaum. Die Handelsverbindungen seit dem Hochmittelalter mit dem Fernen Osten und die Zeit der Entdeckungen im ausgehenden Mittelalter und in der beginnenden Neuzeit bescherten dem Midi dann weitere Pflanzen, von denen nur die Apfelsine aus Ostasien erwähnt sei.

Neue Veränderungen für das Vegetationsbild der Provence brachte das 19. Jahrhundert, als in Verbindung mit dem sich entwickelnden Fremdenverkehr in einigen Gegenden regelrechte Parklandschaften entstanden. Vor allem die Engländer hatten aus aller Welt Pflanzen eingeführt (darunter allein 30 Palmenarten) und damit die Parks ihrer luxuriösen Villen geschmückt. Daneben seien nur einige weitere Pflanzen erwähnt: so der aus Australien stammende Eukalyptusbaum, der Südamerikanische Pfefferbaum, bizarr wirkende Araukarien sowie Kasuarinen, Mimosen, Drachenbäume, Stechapfel, Pittosporum, Agaven, Indischer Feigenbaum (Opuntie), Zedern, Glyzinien, Geranien und die aus der Südsee stammende und besonders farbenprächtige Bougainvillea. Auch heute noch fühlen sich viele Touristen von dieser artenreichen Vegetation mindestens ebenso stark angezogen wie vom angenehmen provenzalischen Klima.

In dieser Palette exotischer Pflanzen nimmt sich die Camargue mit ihren Schilfen, Quellern, dem ganzen Spektrum der aquatischen Flora, fast bescheiden aus. Aber sie ist zumindest teilweise noch natürlich und verkörpert damit einen Aspekt, der von vielen Besuchern als der schönste der Provence bezeichnet wird.

So kann man wohl insgesamt auch bei Klima und Vegetation nicht von Einheitlichkeit sprechen. Hier bietet sich ebenso eine breite Vielfalt der Erscheinungsformen, die das Bild nie monoton werden lassen.

Drehscheibe der Romanisierung Frankreichs

Das Schloß des «guten» Königs René in Tarascon.

Die ligurische Urbevölkerung Südfrankreichs hatte sich schon im letzten vorchristlichen Jahrtausend mit den von Norden her eindringenden keltischen Invasoren vermischt und betrieb einen recht intensiven Ackerbau. Als um 600 v. Chr. die Griechen begannen, Handelsstützpunkte an den Küsten zu gründen, fanden sie bereits ein dichtes Netz von Siedlungen und Festungsanlagen vor. Von diesen frühen Besiedlungen zeugen die heute ausgegrabenen Oppida bei Béziers (Ensérune) oder bei Aix-en-Provence (Entremont).

Obwohl die keltoligurische Bevölkerung sich zunächst friedlich verhielt und mit den Griechen intensive Handelsbeziehungen pflegte, kam es doch ab dem 5. Jahrhundert v. Chr. immer wieder zu Aufständen, so daß Rom um Hilfe gebeten wurde. Im Jahre 122 wurde das Castrum Aquae Sextiae (Thermalquellen, benannt nach dem römischen Heerführer Sextius Calvinus) gegründet, das spätere Aix-en-Provence. Dieses Castrum war für vier Jahre der Hauptverwaltungsort der Provinz Gallia Transalpina, bevor es im Jahre 118 v. Chr. von Narbo (später Narbonne) in dieser Funktion abgelöst wurde.

Anders als bei den Phöniziern und Griechen war die Politik der Römer auf Unterwerfung der Urbevölkerung in diesem Raum ausgerichtet. Sie betrachteten die Provence nicht nur als Handelsplatz, sondern vor allem als Brücke zwischen Italien und Spanien sowie als Zugangsland zum Norden Frankreichs über das Rhônetal. Die Anlage von großen Heerstraßen, Handelswegen, Etappenorten, Militärlagern oder Veteranenkolonien entlang dieser Straßen, aber auch die systematische wirtschaftliche Erschließung und eine straffe Verwaltungsorganisation waren Kennzeichen der römischen Kolonisation. Im ländlichen Raum entstanden zahlreiche Einzelhöfe, Villae, die sich im Gegensatz befanden zur keltoligurischen Gruppensiedlung. Es wurden Kanäle angelegt, so die Fossae marinae in der östlichen Camargue, Wasserleitungen erbaut – der Pont du Gard zählt heute zu den großartigsten Zeugnissen römischer Baukunst –, Sümpfe trockengelegt und für die Landwirtschaft in Wert gesetzt. Der Ölbaum und die Weinrebe fanden im Rahmen dieses kolonisatorischen Werkes flächenhafte Verbreitung, der Getreidebau wurde intensiviert; kurz, die «Provincia» entwickelte sich zu einer der Kornkammern des römischen Imperiums.

Das Verteilungsmuster der Städte und vieler kleiner dörflicher Siedlungen geht auch heute noch fast überall auf die römischen Gründungen zurück, obwohl im Laufe der Geschichte das Kolonisationswerk wieder zerstört worden ist. Denn nach dem Untergang des Weströmischen Reiches im 5. Jahrhundert zogen die Westgoten, danach die Ostgoten, schließlich die Franken durch dieses Gebiet, wodurch die antike Kulturlandschaft vielerorts wieder vernichtet wurde. Die Sarazenen, die sich Ende des 8. Jahrhunderts im Mauren-Bergland verschanzten, trugen ebenfalls ihr Teil dazu bei.

Erst im Hochmittelalter wird das kolonisatorische Werk erneut fortgesetzt, nunmehr vorwiegend von den Klöstern, wobei der Bedeutungsgewinn der Mittelmeerküste im Zusammenhang mit den Kreuzzügen ein nicht zu unterschätzendes Faktum darstellte. Von dieser Pionierarbeit finden sich in der Provence heute noch großartige Zeugnisse, allen voran die Abbaye de Montmajour bei Arles, wo die Benediktinermönche ab dem 10. Jahrhundert große Anstrengungen zur Trockenlegung der nördlichen Camargue unternommen haben. Ähnlich beeindruckend waren die Bestrebungen der Mönche von Saint-Gilles. Nördlich von Aigues-Mortes befand sich das Ordensgebäude von Psalmody, von wo aus Teile der Petite Camargue erschlossen wurden. Als Heinrich IV. zu Beginn des 17. Jahrhunderts dann landesweit eine Trockenlegung aller Sumpfflächen anordnete, konnte er in der Provence bereits auf einem jahrhundertealten Kolonisationswerk aufbauen.

Es ist somit nicht verwunderlich, daß die Provence im Mittelalter bereits eine hohe wirtschaftliche Blüte erfuhr und sich damit auch ihre kulturelle Stellung festigte. Schon im 11. Jahrhundert hatte sich Les Baux zum Sitz eines der mächtigsten Herrscherhäuser des Landes entwickelt, was ihm den Neid des Königs und ganz Frankreichs einbrachte, obwohl die Provence erst am Ende des 15. Jahrhunderts an Frankreich fiel.

Fast ebenso beeindruckend ist die gewaltige Schloßanlage von Tarascon an der Rhône gegenüber der Stadt Beaucaire, wo seit dem 13. Jahrhundert Messen stattfanden, an denen bis zu 300 000 Menschen teilgenommen haben sollen: Händler aus allen Teilen des Landes, aber auch Gaukler, Komödianten oder einfach «Badauds», Gaffer, die sich an diesem Treiben erfreuten.

Natürlich haben auch die übrigen Städte der Provence in dieser Zeit Bedeutung erlangt. Marseille konnte seinen Hafen ausbauen und konkurrierte bald mit den großen Handelsrepubliken wie Genua oder Venedig. Nîmes spielte seit dem frühen Mittelalter (Waldenser und Albigenser) eine entscheidende Rolle in den Glaubensauseinandersetzungen, die es vor allem auch während der Reformation als Zentrum der Hugenotten, des Protestantismus beibehielt. Arles konnte bis in das 13. Jahrhundert hinein seine wirtschaftliche und politische Vormachtstellung in der Provence halten, bevor sich die politische Macht nach Aix-en-Provence, der wirtschaftliche Schwerpunkt auf Marseille und der religiöse Mittelpunkt auf Avignon verlagerten. Avignon erfährt im Jahrhundert der Päpste und Antipäpste (1309–1376, die sog. «babylonische Gefangenschaft der Kirche») einen gewaltigen wirtschaftlichen Aufschwung. Aix-en-Provence, seit dem 12. Jahrhundert Sitz der Grafen der Provence, entwickelt sich zu wirtschaftlicher und kultureller Blüte, die im 15. Jahrhundert unter dem «bon roi René» ihren Höhepunkt, mit dem Anschluß der Provence an Frankreich im Jahre 1482 aber auch einen gewissen Abschluß findet.

Die beginnende Neuzeit, das Frankreich Ludwigs XIV. und Colberts, brachte dann die Zentralisierung der politischen und wirtschaftlichen Gewalt in Paris, und damit rückte die Provence plötzlich vom Zentrum an die Peripherie. Dieser Zentralismus bedeutete für viele Städte der Provence wirtschaftliche Stagnation, die häufig auch noch durch eine bewußte Abkapselung und Opposition der Geistlichkeit und der Landesherren gefördert wurde. Einige Städte erhielten Entwicklungsimpulse, aber nur diejenigen, für die Paris solche Impulse vorsah. Marseille und Toulon wurden ab 1669 beziehungsweise 1680 planmäßig erweitert und umgestaltet. Die Canebière, der Cours oder die Rue de Rome wurden als Prachtstraßen angelegt, die Häfen ausgebaut und befestigt. So konnte sich Marseille, das sich aufgrund des Orienthandels schon im Hoch- und Spätmittelalter zur wirtschaftlichen Metropole entwickelt hatte, in dieser Stellung nun weiter festigen, wobei gegen Ende des 17. Jahrhunderts auch das Gewerbe einen bedeutenden Ausbau erfuhr. Aus Übersee wurde Zuckerrohr für mehrere Raffinerien in Marseille importiert, Seidenmanufakturen verarbeiteten die Rohseide, die in den Cevennen oder im provenzalischen Hinterland produziert wurde. Leder, Häute und Textilien bildeten die Grundlage für weitere Gewerbe- und Industriezweige, und Öle sowie Pflanzenextrakte wurden zu Kosmetika und Seifen verarbeitet, unter denen «Savon de Marseille», die Kernseife, bis heute ein stehender Begriff geblieben ist.

Was eine noch raschere Ausweitung der wirtschaftlichen Stellung Marseilles verhinderte, waren die schlechten Verkehrsverbindungen nach Norden und auch die große Entfernung nach Paris. Erst im ausgehenden 18. und beginnenden 19. Jahrhundert waren die Verkehrsverbindungen so weit ausgebaut, daß schwere Lasten und größere Mengen in die nördlichen Ballungszentren transportiert werden konnten.

In diese Zeit fällt aber auch die Konkurrenz durch den englischen und griechischen Mittelmeerhandel. Erst mit der kolonialen Erschließung Nordafrikas kommt es zu neuen Entwicklungsimpulsen für Marseille. Regelmäßige Handelsverbindungen zu Algerien wurden ab 1830 aufgenommen. Bei einem Umschlag von über einer Million Tonnen Güter und einer Abfertigung von etwa 12 000 Schiffen jährlich nahm der Hafen Marseilles um 1850 nach London, Liverpool, Hamburg und New York den fünften Rang in der Welt ein. Mit dem Ausbau des Hafens stieg auch die Bevölkerungszahl rasch an. Schon bald weitete sich die Stadt auf die umliegenden Kalkhänge aus. Für Industrieanlagen stand im eigentlichen Stadtgebiet kein Platz zur Verfügung. So wurden erste Betriebe der chemischen Industrie in den Kalkfelsen der

Das Amphitheater von Nîmes.

Chaîne de l'Estaque oberhalb der Stadt angelegt. Auch die Trinkwasserversorgung für die wachsende Bevölkerung konnte erst durch die Heranleitung von Durancewasser gesichert werden.

Trotz der Ausweitung der Hafenanlagen, die seit 1830 in mehreren Etappen erfolgte, mußten schon bald neue Möglichkeiten zum Ausbau des Wirtschaftszentrums über die Stadtgrenzen hinaus gefunden werden. Das führte zu Beginn dieses Jahrhunderts zum Bau von Industrieanlagen am Etang de Berre, vor allem von Raffineriebetrieben, die über Ölleitungen vom Erdölhafen Lavera aus versorgt wurden. Der Ausbau von Lavera wurde bis in die Zeit nach dem Zweiten Weltkrieg weitergeführt. Über eine Sealine konnten Tanker bis 80 000 Tonnen gelöscht werden, was aber bald nicht mehr ausreichte, nachdem der Suezkanal geschlossen war und in Verbindung damit die Tankerkapazitäten wesentlich erhöht werden mußten. So hat sich punktuell an der Provenceküste ein Entwicklungsprozeß abgespielt, der zu einer erheblichen Konzentration der Wirtschaft und der Bevölkerung geführt hat. Unter der alles dominierenden Stellung von Marseille, dessen Bevölkerungszahl bis zum Jahre 1980 auf über eine Million Menschen anwuchs, scheint die Entwicklung in den übrigen Städten stillzustehen. Das trifft sogar größtenteils zu, vor allem bis in die Zeit vor dem Zweiten Weltkrieg. Erst in den letzten drei Jahrzehnten hat sich der Regionalisierungsgedanke in Frankreich stärker durchgesetzt und damit auch die kleineren und mittleren Städte erfaßt. Aix-en-Provence zählt heute immerhin fast 150 000 Einwohner, Avignon 110 000, Nîmes 140 000, um die wichtigsten zu nennen. Auch die Provence hat sich damit urbanisiert, der Anteil der städtischen Bevölkerung hat zugenommen, das ländliche Umland sich zunehmend entleert. Dies gilt insbesondere für das gebirgige Hinterland, etwa die Cevennen, wo heute ganze Dörfer leerstehen, ehemaliges Kulturland brachliegt, wo ein «goldenes Zeitalter», das auf der Seidenraupenzucht im 19. Jahrhundert beruhte, der Vergangenheit angehört. Heute sind die Alten übriggeblieben, einige Schafherden ziehen noch auf ihren Wanderwegen durch die Täler; vom Tourismus erhofft man sich neue Impulse.

Die Urbanisierung bedeutet aber auch eine Überlagerung der provenzalischen Bevölkerung durch fremde Gruppen. Der Verlust der nordafrikanischen Kolonien hatte die Rückwanderung der französischen Siedler, der «Pieds Noirs», zur Folge. Über 100 000 strömten allein nach Marseille. In ihrer Folge kamen die Nordafrikaner, die heute ganze Stadtviertel von Marseille, etwa das Quartier Saint-Charles, bevölkern und diesem Stadtteil das Gepräge eines orientalischen Basars verleihen. Aber auch die speziell provenzalischen Städte haben sich noch erhalten: Arles, zwar von Touristen überlaufen, hat sich noch viel Urtümliches bewahrt, Avignon kaum etwas von seiner Ausstrahlung verloren, ebenso Orange. Noch typischer sind die ganz kleinen Städte, Saint-Gilles, Saint-Rémy, Vaison-la-Romaine oder Sault inmitten seiner Lavendelfelder. Die Jahrhunderte haben auf dieser Drehscheibe Frankreichs ihre Spuren hinterlassen, und vielleicht sind es diese vielfältigen Spuren, die diese Landschaft so beeindruckend machen.

Chancen und Gefahren für die Provence

Das Ergebnis der Entwicklung in den letzten Jahrhunderten war für die Provence insgesamt nicht günstig. Das wirtschaftliche Gefälle gegenüber dem Norden des Landes veranlaßte viele Bewohner, ihre Heimat zu verlassen, um in anderen Landesteilen oder in den Kolonien eine neue Existenzgrundlage aufzubauen. Seit Ende des Zweiten Weltkriegs unternimmt der französische Staat jedoch große Anstrengungen, um die Peripherie des Landes wirtschaftlich zu fördern. An diesen Programmen hat die Provence ihren Anteil – vielleicht mehr, als es dem Bewunderer dieser Landschaft lieb sein mag. Kaum ein Wirtschaftszweig hat in den letzten Jahren nicht tiefgreifende Wandlungen erfahren, und diese haben natürlich auch das äußere Erscheinungsbild der Provence gewandelt.

Im Bereich der Landwirtschaft waren die Schlagworte der modernen Entwicklungsplanung «Strukturbereinigung» und «Bewässerung». Beides ist sicherlich dringend erforderlich, denn die Betriebe sind oft zu klein, um eine Familie ernähren zu können. Schon immer mußte man durch intensive Nutzung, Bewässerung, harte Arbeit versuchen, seinen Lebensunterhalt auf dem Lande zu sichern. Bereits im 16. Jahrhundert entstand der Canal de Craponne, der das Wasser der Durance ableitete, um Teile der Crau zu bewässern. Im 18. und 19. Jahrhundert fing man an, die Rhône zu regulieren, und damit verbunden war die Anlage eines der größten Gemüse- und Obstgärten Frankreichs. Zum Schutz der empfindlichen Kulturen wurden viele Hecken angepflanzt, um dem Mistral seine Wucht zu nehmen. In der Camargue führte man, ebenfalls im 19. Jahrhundert, den Reisanbau ein, der sich bis in jüngste Zeit ständig flächenmäßig ausgeweitet hat, heute aber wieder rückläufig ist. Der Weinanbau wurde intensiviert und ebenfalls flächenmäßig ausgeweitet, vor allem, nachdem am Ende des vorigen Jahrhunderts die Reblauskrise bewältigt worden war, die in der Provence ihren Ausgang genommen und den größten Teil des südfranzösischen Rebareals vernichtet hatte.

So hatte sich die Agrarlandschaft der Provence schon erheblich intensiviert, jedoch verblieben auch noch große Flächen, die nur extensiv als Schafweiden genutzt wurden, versumpft waren oder aufgrund der Abwanderung der Bevölkerung brachfielen.

Die moderne Entwicklungsplanung ist diesen Flächen zu Leibe gerückt, indem sie zwei der gigantischsten Bewässerungsprojekte Europas verwirklicht hat: Der Canal de Provence, dessen Ausbau noch nicht ganz abgeschlossen ist, nutzt das Wasser der Durance für die Bewässerung von 36 000 Hektar in der östlichen Provence bis hinunter nach Aix-en-Provence, dient aber gleichzeitig auch der Energiegewinnung und Trinkwasserversorgung der Küstenstädte. Der Canal d'Irrigation du Languedoc hat die Aufgabe, Bewässerungskulturen im westlichen Teil der Provence zu ermöglichen. Das gewaltige Pumpwerk bei Saint-Gilles entnimmt der Rhône bis zu 75 Kubikmeter Wasser pro Sekunde, das entspricht der Menge, die die Seine im Sommer in Paris insgesamt führt. Fast 300 000 Hektar Nutzfläche sollen hier in der Endphase bewässert werden.

So hat sich die Landwirtschaft weiter intensiviert, nun unter Einsatz modernerer Techniken und Anbaumethoden. Die Provence entwickelte sich zu einem der bedeutendsten Obst- und Gemüseanbaugebiete Europas. Rohrleitungen, Wassertürme, Sprinkleranlagen kennzeichnen das äußere Bild dieser Agrarlandschaft. Cavaillon und Châteaurenard sind zu großen Umschlagplätzen für die Agrarprodukte geworden.

Und doch sind die Probleme nicht beseitigt – im Gegenteil: Im Rahmen der Europäischen Gemeinschaft sehen sich die Bauern der Provence der Konkurrenz aus Italien, Spanien und anderen Ländern gegenüber, die oft billiger produzieren kann. Allzuoft bleiben die Landwirte auf ihren Produkten sitzen und lassen sich dann zu spektakulären Protestmaßnahmen hinrei- 10 >

Fortsetzung Seite 41

13

14

15

16

18

17

19

20

23

21

24

22

25

ßen, indem sie etwa Wagenladungen von Obst oder Gemüse auf die Autobahn kippen, Weintanklager sprengen oder mit ihren Traktoren die Straßen blockieren. Die moderne Technik hat zwar die natürlichen Ungunstfaktoren weitgehend ausschalten können, die Probleme der provenzalischen Landwirtschaft bestehen aber auch heute noch.

Im Gegensatz zur Landwirtschaft konnte die Industrie in der Provence nur auf wenigen historischen Ansätzen aufbauen – sieht man einmal von Marseille ab, wo im Zusammenhang mit der Hafenfunktion auch eine industrielle Entwicklung eingesetzt hatte. Sie brachte der Stadt aber schon früh Probleme, denn die Kessellage in der Küstenbucht schränkte die Möglichkeiten räumlicher Ausweitung ein: außerdem verstärkte sich die Umweltbelastung, die sich unter anderem mit der Ansiedlung der chemischen Industrie in Stadtgebieten während des 19. Jahrhunderts einstellte.

Ein weiteres bedeutendes Industriegebiet waren die Kohlenreviere von Alès und Bessèges am Rande der Cevennen, wo sich besonders im 19. Jahrhundert die Eisenverhüttung ansiedelte, aber auch der Maschinenbau, insbesondere die Herstellung von Eisenbahnwaggons und Lokomotiven. Daneben spielte die Textilindustrie auf der Grundlage der Rohseidenproduktion in den benachbarten Cevennen eine wichtige Rolle. Beide Wirtschaftszweige sind heute im Niedergang begriffen. Die Kohlenvorkommen sind ausgeschöpft, die Seidenproduktion ist schon am Anfang des 20. Jahrhunderts zurückgegangen, nachdem der unaufhaltsame Vormarsch der Kunstfaser ihr den Platz streitig gemacht hatte. Es verwundert also nicht, daß in den Jahren nach dem Zweiten Weltkrieg nur zwanzig Prozent der erwerbstätigen Bevölkerung in der Industrie arbeiteten, fast zehn Prozent weniger als im Landesdurchschnitt. Die Provence war in erster Linie ein Agrarland.

Dann aber besann man sich in Paris im Rahmen der Dezentralisierungsbemühungen, daß die Standortvorteile für einen industriellen Ausbau in der Provence unvergleichlich günstig seien. Die traditionellen Standortüberlegungen, daß die Industrie dort aufzubauen sei, wo die Rohstoffe gewonnen werden, gilt in einer Zeit nicht mehr, in der Supertanker beliebige Mengen an Öl, Großraumschiffe Erz und Kohle fast unbeschränkter Menge und zu billigeren Preisen als die im eigenen Land geförderten Rohstoffe heranschaffen können. Was liegt näher, als die Industrie an die Küsten, also auch an die provenzalische Küste, zu verlegen?

Hier kamen viele günstige Faktoren zusammen: Marseille war als großes städtisches Zentrum bereits vorhanden, der Golf von Fos eignete sich ausgezeichnet für den Hafenausbau, der Weg der Schiffe von Süden her war kürzer als in die mittel- und nordeuropäischen Hafenstädte. Das Energiedefizit war zu beheben, denn an der Kanalisierung der Rhône und der damit verbundenen Elektrizitätsgewinnung wurde schon seit Jahrzehnten gearbeitet – es galt nur noch, dies zu beschleunigen – mit dem Erfolg, daß die Rhône heute zwischen Lyon und Beaucaire über zwölf Staustufen verfügt; allein im Abschnitt zwischen Montélimar und Arles sind es fünf.

Auch hier gab es ein Stichwort der Planer: Es hieß «Fos – Europort des Südens». Im Jahre 1965 begannen die Arbeiten zum Ausbau des Hafens von Fos, wo inzwischen die größten Tankschiffe der Welt anlegen. Die Raffinerien, die schon in der ersten Hälfte des 20. Jahrhunderts rund um den Etang de Berre angelegt waren, wurden nun noch vermehrt. Darüber hinaus entstanden Stahlwerke, deren Kapazität mehrere Millionen Tonnen pro Jahr beträgt, chemische Werke, Maschinenbauindustrie und andere. Über 5300 Hektar Industriefläche sind heute in Fos ausgewiesen, dazu kommen 2000 Hektar Hafengelände mit 70 Kilometer Kailänge.

Sind damit die Probleme der Unterbeschäftigung und der Unterindustrialisierung der Provence gelöst? Die Meinungen hierzu sind unterschiedlich. Viele sprechen von einem Erfolg, andere weisen darauf hin, daß anstatt der bis 1980 vorgesehenen 36000 Arbeitsplätze bisher nur etwa die Hälfte zur Verfügung steht, daß der französische Staat schon mehrere Milliarden Francs zur Stützung des Projektes hat ausgeben müssen, die Hochöfen immer wieder stillgelegt wurden, weil sich der Stahlmarkt in einer Krise befindet. Was bleibt, ist ein gigantischer Industriekomplex am Südrand der Crau, der sich in einem fragwürdigen Kontrast befindet zu den noch verbliebenen Schafherden, deren Zahl immer geringer wird. Der Entwicklungseuphorie der sechziger Jahre ist inzwischen eine gewisse Nüchternheit gefolgt, und die Frage, wie sich gerade die industrielle Entwicklung unter dem neuen politischen System seit Mai 1981 gestal-
27 ten wird, vermag im Moment niemand zu beantworten.

Bleibt ein dritter Bereich, der von den Planern als Entwicklungsfaktor in den Vordergrund gestellt wird, der Fremdenverkehr. Auch diesbezüglich hat die Provence ihren historischen Stellenwert, insbesondere aufgrund der vielen Sehenswürdigkeiten, die sich hier wie in kaum einem anderen Teil Frankreichs verdichten. Die Besucher des Pont-du-Gard, von Aigues-Mortes, Nîmes, Arles, Avignon oder Les Baux kommen jährlich zu Hunderttausenden; der Massentourismus hat sich auch die Provence erschlossen, seit im 19. Jahrhundert die Künstler, insbesondere die Impressionisten, die Provence wiederentdeckten: van Gogh in Arles oder Saint-Rémy, Cézanne in Aix-en-Provence und viele andere neben ihnen. Die Liebe der Künstler zur Provence ist bis heute ungebrochen. Gordes ist zu einer großen Künstlerkolonie geworden, die sich um Vasarély schart, Picasso hat sein Schloß von Vauvenargues zu seiner letzten Ruhestätte auserkoren.

Aber es sind nicht Künstler und Bildungsreisende, die wirtschaftliches Gewicht haben, sondern die «Massentouristen», die nicht nur mal eben etwas besichtigen, sondern zwei oder drei Wochen lang an den Stränden ausharren und damit Geld in die Wirtschaft pumpen. Für sie schien die Provence zu unattraktiv mit der Küstenlinie der Camargue, ihrem versumpften Hinterland; weiter östlich im Bereich der Steilküste der Kalkprovence boten die Calanquen und die kleinen Buchten nur wenig Raum für touristische Großprojekte. Sie waren ohnehin schon ausgelastet. Cassis, La Ciotat, Bandol oder Sanary hatten sich schon seit dem 19. Jahrhundert, als sich die Französische Riviera zum Luxusstrand Europas entwickelte, stark verändert.

Aber auch die Camarguekūste, und in ihrer Fortsetzung der Küstenstreifen des Languedoc, blieb von der modernen Entwicklung nicht verschont. Mit einem unvorstellbaren Aufwand wurde der gesamte Küstenstreifen zwischen Aigues-Mortes und der spanischen Grenze für den Fremdenverkehr erschlossen. Sümpfe wurden trockengelegt, durch Flugzeugeinsatz Insekten vernichtet, Bulldozer ebneten das Gelände ein, und die moderne Bautechnik besorgte den Rest. Le Grau du Roi, jener Vorhafen, den Ludwig der Heilige anlegen ließ, um von Aigues-Mortes aus seinen Kreuzzug antreten zu können, ist heute eingezwängt zwischen den pyramidenhaft erbauten Appartementhochhäusern von La Grande Motte und Port Camargue, und die Fischer von Le Grau stehen verunsichert den Menschenmengen gegenüber, die während der Monate Juli und August den Hafen bevölkern, um ein Stück provenzalischer Atmosphäre zu erleben, die sie zwischen den Betonklötzen der neuen Ferienzentren nicht finden können.

So hat die Entwicklung der letzten Jahrzehnte der Provence sicherlich viele Neuerungen gebracht. Der wirtschaftliche Rückstand ist zum Teil aufgeholt worden. Viele Projekte sind noch geplant, der Fortschritt macht vor der Provence nicht halt. Aber es wird doch immer schwerer, dabei «die» Provence wiederzufinden, jenen provenzalischen Lebensstil, der sich von der Hektik der modernen Industriegesellschaft doch erheblich unterscheidet. Man muß schon etwas abrücken von den großen Zentren des Fremdenverkehrs, der Industrie, den Ballungsräumen, um dieses Land noch zu finden, wie es so oft gemalt, beschrieben und besungen worden ist. Zu den vielen Gesichtern, die die Provence schon immer gezeigt hat, sind in der modernen Entwicklung noch einige hinzugekommen. Es ist zu hoffen, daß sie bei allem Fortschritt ihr wahres Gesicht in Zukunft nicht gänzlich verliert.

Texte zur Kultur und Geschichte der Provence

Massalia und die keltischen Stämme der Provence

Massalia ist eine Anlage der Phocäer und liegt in einer felsigen Gegend. Ihr Hafen fällt unter einen theaterförmigen, nach Süden schauenden Felsen. Sowohl dieser als die ganze Stadt, welche eine bedeutende Größe hat, ist trefflich ummauert. Auf der Burg steht das Ephesium und der Tempel des Delphischen Apollo. Dieser ist allen Ioniern gemeinschaftlich, das Ephesium aber ein Tempel der Ephesischen Artemis. Man sagt nämlich, den aus ihrer Heimat absegelnden Phocäern sei ein Orakelspruch zuteil geworden, sich auf der Fahrt eines von der Ephesischen Artemis zu empfangenden Führers zu bedienen. Sie wären daher in Ephesus gelandet, um zu erforschen, auf welche Weise sie das Befohlene von der Göttin empfangen könnten. Da sei der Aristarche, einer der angesehensten Frauen, die Göttin im Traume erschienen und habe ihr befohlen, ein Abbild der Heiligtümer mit sich nehmend die Phocäer zu begleiten. Als nun dieses geschehen und die Ansiedelung vollendet war, hätten sie den Tempel erbaut und der zur Priesterin ernannten Aristarche außerordentliche Ehre erwiesen. Auch allenthalben in den übrigen Pflanzstädten verehre man diese Göttin ganz vorzüglich und bewahre auch die übrigen Gebräuche, wie sie in der Mutterstadt eingeführt waren. STRABO

Dem griechischen Geographen Strabo (um 63 v. Chr. bis etwa 26 n. Chr.) sind die frühesten Berichte über das griechische Massalia (Marseille) zu verdanken.

Arles im Jahre 418 n. Chr.

Die günstige Lage der Stadt Arles macht diese zu einem Platz, dessen Handel und Wandel so blühend ist, daß es keine andere Stadt gibt, in der man die Waren aller Gegenden der Erde leichter kaufen, verkaufen oder tauschen könnte als in dieser. Man findet dort die Schätze des Orients, die Wohlgerüche Arabiens, die Köstlichkeiten Assyriens, die Speisen Afrikas, die edlen Tiere Spaniens und die Waffen Galliens. Schließlich ist Arles der Ort, den sich das Mittelländische Meer und die Rhône erwählt haben, um an ihm ihre Wasser zu vereinen und ihn zum Treffpunkt aller Nationen zu machen, die an ihren Küsten und Ufern wohnen.

Kaiser Honorius (384–423) machte 418, nachdem er seinen Gegenkaiser Konstantin III. besiegt und die Stadt eingenommen hatte, Arles zum Sitz der Abgesandten aller gallischen Provinzen.

Unterdrückung der Stände in der Provence

Colbert an Grignan.

25. Dezember 1671

Ich habe dem König über das fortgesetzt schlechte Betragen der Ständeversammlung der Provence berichtet, und da Seine Majestät nicht länger geneigt ist, dies zu dulden, hat er die nötigen Befehle gegeben, sie nach Hause zu schicken, und zugleich zehn Lettres de cachet zu erlassen, um die zehn am übelsten Gesinnten unter den Deputierten nach Grandville, Cherbourg, St. Malo, Morlaix und Concarneau zu verschicken. Sie erhalten diese Erlasse und Befehle mit der nächsten Post, und ich brauche Ihnen wohl nicht zu empfehlen, sie pünktlich und genau auszuführen...

Colbert an den Bischof von Marseille.

31. Dezember 1671

Der König nimmt die 450 000 Livres, die die Ständeversammlung der Provence ihm als don gratuit dargebracht hat, an; Seine Majestät ist aber so ungehalten über das Betragen der Deputierten bei dieser Beratung, daß er Befehl gegeben hat, zehn der am übelsten Gesinnten nach der Normandie und Bretagne zu verbannen... Die Provinz wird leicht erkennen, wie sehr sie sich selbst geschadet hat mit der Wahl von Abgeordneten, die so wenig für ihr wahres Interesse übrig hatten, aber ich fürchte, diese Klagen werden nichts mehr nützen, denn Seine Majestät dürfte kaum geneigt sein, in Zukunft noch irgendeine Ständeversammlung in der Provence zu gestatten.

Schriftwechsel Colberts aus «Correspondance administrative», Bd. 1, anläßlich der Ständeversammlung in der Provence.

Das große Schisma; Avignon und Rom, 1367–1380

Im Mai dieses Jahres reiste Papst Urban (V.) von Avignon ab in die Gegend von Rom und nahm in Viterbo Wohnung. Bei diesem Aufbruch von Avignon blieben fast alle Fremden dort, und der Papst selber zog in Rom ein, und sofort trat er das ganze Erbe des apostolischen Stuhles an...

1370. Zu dieser Zeit ließ Papst Urban den päpstlichen Hof wieder in die Stadt Avignon verlegen...

1371. Nach dem Tode des Papstes Urban V. wurde Gregor XI. gewählt... und gekrönt. Er hieß vor seiner Wahl Bellifortis und war ein Verwandter seines Vorgängers Papst Clemens VI....

1376. Ungefähr um St. Michael verließ Gregor XI. Avignon, begab sich nach Italien, um das verlorene Gebiet in Besitz zu nehmen, nachdem er, wie man sagte, den Palast in Avignon und Zubehör dem Herzog von Burgund um 100000 Gulden verpfändet hatte, kam in das Reich der Königin von Neapel und hielt sich dort lange auf...

Chronicon Moguntinum ed. Carolus Hegel.

Über die Besteigung des Mont Ventoux

Den höchsten Berg dieser Gegend, den man nicht unverdientermaßen Ventosus, den Windigen, nennt, habe ich am heutigen Tage bestiegen. Dabei trieb mich einzig die Begierde, die ungewöhnliche Höhe dieses Flecks Erde durch Augenschein kennenzulernen. Viele Jahre lang hatte dieses Unternehmen mir im Sinne gelegen; habe ich doch in der hiesigen Gegend, wie du weißt, seit meiner Kindheit geweilt, wie eben das Schicksal die menschlichen Dinge fügt. Dieser Berg aber, der von allen Seiten weithin sichtbar ist, steht mir fast immer vor Augen.

Nun aber faßte ich den Entschluß, endlich einmal auszuführen, was ich täglich hatte ausführen wollen, besonders nachdem mir tags zuvor, als ich römische Geschichte beim Livius nachlas, zufällig jene Stelle vor Augen gekommen war, wo Philipp der Macedonierkönig – derselbe, der mit dem Römischen Volke Krieg geführt hat – den Berg Hämus in Thessalien besteigt. Denn er hatte der Fabel Glauben geschenkt, man könne von seinem Gipfel zwei Meere schauen: das Adriatische und das Schwarze Meer. Ob zu Recht oder zu Unrecht, habe ich nicht genügend ergründen können; denn die Sache wird dadurch unsicher, daß der Berg von unserer Welt so weit entfernt ist und die Schriftsteller verschiedener Meinung sind. Um deswegen nicht alle nachzuschlagen: der Kosmograph Pomponius Mela berichtet, ohne Anstand zu nehmen, daß es so sei, Titus Livius hält die Fabel für falsch. Wäre es aber für mich so leicht, jenen Berg zu erkunden, wie diesen hier, so würde ich nicht lange im Zweifel lassen, wie die Sache sich verhält.

Zuerst stand ich, durch einen ungewohnten Hauch der Luft und durch einen ganz freien Rundblick bewegt, einem Betäubten gleich. Ich schaue zurück nach unten: Wolken lagerten zu meinen Füßen, und schon sind mir Athos und Olymp minder unglaublich geworden, da ich das, was ich über sie gelesen und gehört, auf einem Berge von geringerem Rufe zu sehen bekomme. Ich richte nunmehr meine Augen nach der Seite, wo Italien liegt, nach dort, wohin mein Geist sich so sehr gezogen fühlt. Die Alpen selber – eisstarrend und schneebedeckt –, über die einst der wilde Feind des Römernamens hinüberzog, der, wenn wir dem Gerücht Glauben schenken wollen, die Felsen mit Essig sprengte – sie erschienen mir greifbar nahe, obwohl sie durch einen weiten Zwischenraum getrennt sind. Ich seufzte, ich gestehe es, nach italischer Luft, die mehr vor dem Geist als vor den Augen erstand, und ein nicht zu erstickender, glühender Drang beseelte mich, so Freund als Vaterland wiederzusehen; so jedoch, daß ich zuerst an beiden Regungen ihre noch unmännliche Weichlichkeit tadelte, obwohl mir für keine eine Entschuldigung fehlen würde. Sie könnte sich ja auf berühmte Zeugen als Beistand stützen.

FRANCESCO PETRARCA

Francesco Petrarca (1304–1374) verbrachte seine Jugendjahre in der Provence; dieser Zeit entstammt auch sein Wunsch, den Mont Ventoux, den höchsten Berg der Provence, zu besteigen. In einem Brief an Francesco Dionigi (1334) schildert er seine Bergbesteigung.

Noch ein Blick auf die gute Stadt Tarascon

Mit der Jagdpassion verbinden die Leute von Tarascon noch eine andere Leidenschaft, nämlich die für Romanzen. Was in dem kleinen Neste und seiner Umgebung für eine Menge Romanzen verbraucht werden, das ist kaum zu glauben. Die Poeten können den Bedarf kaum decken. Die ältesten, abgesungensten Lieder, Balladen und Romanzen, die an allen anderen Orten auf ihrem schlechten Druckpapier vergilben und vermodern – hier stehen sie in höchstem Ansehen und in vollstem Glanze. Man kann sie hier alle finden, ohne irgendwelche Ausnahme. Jede Familie hat nämlich ihre eigene Romanze, und die ganze Stadt weiß es und merkt es sich auch ganz genau.

ALPHONSE DAUDET

Alphonse Daudet (1840–1897), aus: «Die wunderbaren Abenteuer des Herrn Tartarin aus Tarascon.

Les Baux und seine Geschichte

Ihres höchsten und schönsten Ruhmes aber erfreuten sich Stadt und Fürsten von Baux im zwölften und dreizehnten Jahrhundert, der Blütezeit der provençalischen Poesie. Der Hof von Baux war der Sammelpunkt aller Trouveurs oder Troubadours – er widerhallte von Gesang, er sah Liederwettkämpfe und Liebeshöfe. Unter allen Troubadouren, und man kann die Zahl derer, die der fruchtbare Boden zwischen dem Ebro und Arno hervorbrachten, nach Hunderten zählen, waren nur wenige, die nicht einmal auf ihren Fahrten den steilen Felsenpfad heraufritten, um sich wieder reich beschenkt zu entfernen und die Taten, den Glanz, die Freigebigkeit, den Geschmack der Fürsten von Baux zu verkünden, so weit die romanische Sprache reichte. In unzähligen Sirventen und Kanzonen werden sie gerühmt, und viele ihrer Frauen und Töchter sind der Gegenstand der Liebe, des Preises bei den ausgezeichnetsten Troubadours. Fulco, der deutschen Lesern aus Lenaus «Albigensern» bekannt ist, verzehrte sich in Liebe zu Frau Adelasia, der Gattin seines Beschützers Berald, Fürsten von Baux. Diese Liebe machte ihn zum ausgezeichnetsten Dichter seiner Zeit und gab ihm Akzente und Melodien ein, durch die die provençalische Dichtersprache bedeutend bereichert wurde. Seine Liebe war unglücklich und wurde noch unglücklicher durch den Tod der geistvollen und schönen Fürstin. Voll Melancholie zog er sich in ein Mönchskloster zurück und verfiel in jenen schauerlichen Asketismus, der ihn auf den Bischofsstuhl von Toulouse geführt und aus dem zarten Sänger den fanatischen Verfolger der Waldenser gemacht hat.

Wilhelm von Cabestan liebte Berengaria von Baux. Ihr aber schien seine Leidenschaft noch zu schwach, zu kühl; um sie heißer anzufachen, gab ihm die feurige Provençalin einen Liebestrank, der ihn aufs Krankenlager warf. Nach langem Leiden wieder genesen, wandte er sich mit Widerwillen von Berengaria ab und huldigte in unschuldigen Liedern der Frau des Seigneur Raimund von Seillans. Die Dame von Seillans liebte ihn wieder. Aber der eifersüchtige Gatte tötete den Dichter, riß ihm das Herz aus und setzte es seiner Gattin zum Abendessen vor.

Dieses alles ist geschehen
Mit dem Herzen eines Dichters.

MORITZ HARTMANN

Moritz Hartmann (1821–1872), österreichischer Schriftsteller und Politiker. In seinem «Tagebuch einer Reise durch Languedoc und Provence» von 1851 findet sich auch ein Abschnitt über die Ruinenstadt Les Baux.

Das Theater von Orange

Das war im Theater zu Orange. Ohne recht aufzusehen, nur im Bewußtsein des rustiken Bruchs, der jetzt seine Fassade ausmacht, war ich durch die kleine Glastür des Wächters eingetreten. Ich befand mich zwischen liegenden Säulenkörpern und kleinen Altea-Bäumen, aber sie verdeckten mir nur einen Augenblick die offene Muschel des Zuschauerhangs, die dalag, geteilt von den Schatten des Nachmittags, wie eine riesige konkave Sonnenuhr. Ich ging rasch auf sie zu. Ich fühlte, zwischen den Sitzreihen aufsteigend, wie ich abnahm in dieser Umgebung. Oben, etwas höher, standen, schlecht verteilt, ein paar Fremde herum in müßiger Neugier; ihre Anzüge waren unangenehm deutlich, aber ihr Maßstab war nicht der Rede wert. Eine Weile faßten sie mich ins Auge und wunderten sich über meine Kleinheit. Das machte, daß ich mich umdrehte.

Oh, ich war völlig unvorbereitet. Es wurde gespielt. Ein immenses, ein übermenschliches Drama war im Gange, das Drama dieser gewaltigen Szenenwand, deren senkrechte Gliederung dreifach auftrat, dröhnend vor Größe, fast vernichtend und plötzlich maßvoll im Übermaß.

Ich ließ mich hin vor glücklicher Bestürzung. Dieses Ragende da mit der antlitzhaften Ordnung seiner Schatten, mit dem gesammelten Dunkel im Mund seiner Mitte, begrenzt, oben, von des Kranzgesimses gleichlockiger Haartracht: dies war die starke, alles verstellende antikische Maske, hinter der die Welt zum Gesicht zusammenschoß. Hier, in diesem großen, eingebogenen Sitzkreis herrschte ein wartendes, leeres, saugendes Dasein: alles Geschehen war drüben: Götter und Schicksal. Und von drüben kam (wenn man hoch aufsah) leicht, über den Wandgrat: der ewige Einzug der Himmel.

Diese Stunde, das begreife ich jetzt, schloß mich für immer aus von unseren Theatern. Was soll ich dort? Was soll ich vor einer Szene, in der diese Wand (die Ikonwand der russischen Kirchen) abgetragen wurde, weil man nicht mehr die Kraft hat, durch ihre Härte die Handlung durchzupressen, die gasförmige, die in vollen schweren Öltropfen austritt. Nun fallen die Stücke in Brocken durch das lochige Grobsieb der Bühnen und häufen sich an und werden weggeräumt, wenn es genug ist. Es ist dieselbe ungare Wirklichkeit, die auf den Straßen liegt und in den Häusern, nur daß mehr davon dort zusammenkommt, als sonst in einen Abend geht.

RAINER MARIA RILKE

Rainer Maria Rilke (1875–1926) beschreibt hier seine Eindrücke im Anblick des antiken Theaters in Orange.

Nîmes

Durch die Provence, die mir ganz dänisch aussah, erreichte ich Nîmes, wo die Größe des prächtigen römischen Theaters mich auf einmal nach Italien zurückversetzte. Südfrankreichs Denkmäler der Vorzeit habe ich nie so rühmen hören, wie sie es ihrer Größe und Anzahl wegen verdienen; das sogenannte viereckige Haus steht noch in seiner ganzen Pracht, wie der Theseustempel bei Athen; Rom hat nichts so Wohlerhaltenes. In Nîmes wohnt der Bäcker Reboul, der die allerliebsten Gedichte schreibt; wer ihn nicht aus diesen kennt, kennt ihn wohl aus Lamartines «Reise nach dem Orient». Ich fand das Haus, trat in die Bäckerei ein und wandte mich an einen Mann in Hemdärmeln, welcher eben Brot in den Ofen schob; es war Reboul selbst; ein edles Antlitz, welches einen männlichen Charakter ausdrückte, grüßte mich. Als ich ihm meinen Namen nannte, war er höflich genug, zu sagen, daß er denselben aus der «Revue de Paris» kenne, und bat mich, ihn in der Mittagsstunde zu besuchen, dann würde er mich besser empfangen können. Als ich wiederkam, fand ich ihn in einem fast eleganten kleinen Zimmer, das mit Gemälden, Statuen und Büchern geschmückt war, die letzteren nicht nur aus der französischen Literatur, sondern auch Übersetzungen der griechischen Klassiker. Ein Bild an der Wand stellte sein berühmtestes Gedicht, «Das sterbende Kind» dar; aus Marmiers «Chansons du Nord» wußte er, daß ich dasselbe Thema behandelt habe, und ich erzählte ihm, daß es aus meiner Schulzeit herrühre. Hatte ich ihn am Morgen als den betriebsamen Bäcker gesehen, so war er jetzt ganz der Poet; er sprach lebhaft von der Literatur seines Vaterlandes und äußerte seinen Wunsch, den Norden zu sehen, dessen Natur und geistiges Leben ihn zu interessieren schien. Mit großer Achtung verließ ich einen Mann, dem die Musen eine nicht geringe Gabe verliehen haben, der aber dennoch Verstand genug besitzt, trotz der Huldigung, die ihm dargebracht wird, bei seinem ehrsamen Handwerk zu bleiben, und es vorzieht, der merkwürdige Bäcker in Nîmes zu sein, anstatt nach einer kurzen Huldigung sich in Paris unter Hunderten von Poeten zu verlieren.

HANS CHRISTIAN ANDERSEN

Die Camargue

Wenn die Geheimnisse sehr hintergründig sind, verbergen sie sich im Licht; der Schatten ist nichts als ein Gaukelspiel.

Die Camargue ist ein Deltagebiet, der Ablageplatz eines Flusses und sein Schlupfwinkel. Bis hierhin fließt er rasch, findet keine Zeit, nachdenkliche Betrachtungen anzustellen. Bis hierhin lebt er. In diesem Delta aber geht es mit ihm zu Ende; hier wird er sich im Meer verlieren, und dagegen sträubt er sich, er schlendert, teilt und windet sich her und hin; er überlegt, zögert und besinnt sich. Alles, was er hierhin entführt hat, nimmt er nun vor, mischt es durcheinander und läßt es sich verwandeln, und darauf ist er stolz. Was er seinen Ufern entrissen hat, wird zu Lehm, Humus, Sand. Was er vorher tötet, versucht er hier wieder entstehen zu lassen; was in ihm umgekommen ist, erweckt er zu neuem Leben. Das Samenkorn, das er ungestüm davontrug, hier hätschelt er es, hier hegt er es und läßt es keimen.

Hätte er dies zuvor getan, dann hätte er ein Laubdach über sich gewölbt; doch jetzt, zwei Schritte vor seinem Vergehen im Meer, reicht es nur noch zu Weidengestrüpp und Salzkräutern: er ist zu Brackwasser geworden.

Gespenster hausen in dieser großen Helle. Als Camarguese wäre Hamlet dem Geist seines Vaters um die Mittagsstunde begegnet. Und die mystische Verkörperung des auferstandenen Christus wird in der Sonnen-Monstranz dem Himmel entgegengereicht. Das Zeichen des Kreuzes allein genügt nicht, die ungewissen, dunklen Bereiche abzuschirmen, in denen die vier Elemente sich vereinen; hier bedarf es mehrdeutiger Zeichen, einer Vielfalt von Symbolen der Hoffnung. Neben dem Sühneopfer des Gerechten braucht man etwas wirklich Greifbares aus Fleisch und Blut, und dementsprechend gesellt man dem Kreuz weniger die Kardinaltugenden als vielmehr Symbole des männlichen Lebens und der Seefahrt bei.

Das Kreuz der Camargue brüstet sich mit dem, den es getragen hat. Das Blut des Gekreuzigten, das an ihm hinunterfloß, läßt es nicht erschauern, dafür sind andere Kreuze da; ihm obliegt es, den Glanz zahlreicher Festlichkeiten zu verschönen. Das Herz, in aller Welt Symbol der Seele, hier ist es ein Muskel, und sonst nichts. JEAN GIONO

Jean Giono zählt zu den bedeutendsten provenzalischen Schriftstellern des 20. Jahrhunderts, der sein Werk im wesentlichen den Menschen und der Landschaft ihrer Heimat gewidmet hat. Der Text entstammt seinem Buch «Louis, der Sohn der Camargue».

Kirschernte

Die Kirschernte war damals in vollem Gange. In allen Häusern von Belgentier, in allen Schuppen und selbst auf den Türschwellen standen Stapel von Schilfkörben und leichten Holzkistchen, in denen die Früchte verschickt wurden.

Solliès-Pont unten im Tal, wo es schon wärmer ist, läßt so gegen den neunten Mai die ersten Sendungen hinausgehen. Acht Tage später beginnt es in Solliès-Toucas und Les Sénès, und noch eine Woche später ist Belgentier dran. Méounes bildet dann den Schluß. Dort oben ist es schon ein bißchen gebirgig, und nachts räubern die Füchse die Hühnerställe aus.

Diese Zeit ist die wichtigste des ganzen Jahres; im Juli kommt dann noch der Versand der langen, braunen Feigen hinzu, und die Verpflanzung der Blumenzwiebeln, die geteilt und von den alten Häuten befreit werden müssen. Dann arbeitet alles, und selbst die Mädchen, die das ganze Jahr über im Haushalt beschäftigt sind, sieht man ausnahmslos in den großen, offenen Räumen, wo die Männer ihre Körbe mit den schönen Früchten entleeren. THYDE MONNIER

Thyde Monnier (1887–1967) ist durch ihre provenzalischen Romane berühmt geworden. Der Textauszug entstammt dem Roman «Liebe – Brot der Armen».

Ein Jugenderlebnis in der Wildnis des Berglandes bei Marseille

Ich sah das Bergmassiv des Taoumé prüfend an. Es war gewaltig und die Entfernung, die ich zurücklegen mußte, beträchtlich. Ich nahm mir vor, mit meinen Kräften zu sparen und wie die Indianer in leichtem Trab zu laufen; auf Zehenspitzen, die Ellbogen am Körper, die Hände auf der Brust gekreuzt, die Schultern zurückgebogen und den Kopf gesenkt; alle hundert Meter auszuruhen, um auf die Geräusche des Waldes zu lauschen und dabei dreimal ruhig und tief zu atmen.

Mit einer ganz und gar indianischen Entschlossenheit machte ich mich auf den Weg.

Der Hang, der sich vor mir erhob, war nicht schwer zu bezwingen. Der Grund unter meinen Füßen bestand aus einer riesigen, blauschimmernden Kalksteinplatte, zerfurcht von Rissen, in denen Thymian und Lavendel blühten. Dann und wann wuchs ein gotisch gestreckter Wacholderstrauch auf dem kahlen Gestein oder eine Kiefer, deren dicker, knotiger Stamm in seltsamem Gegensatz zu der Magerkeit des kleinen Bäumchens stand, das nicht größer war als ich. Man sah, daß die ausgehungerte Pflanze seit Jahren einen wilden Kampf mit dem harten Stein kämpfte, und daß sie oft tagelang geduldig auf einen einzigen Wassertropfen warten mußte. Zu meiner Linken ragte der Gipfel des Taoumé auf, der sich so mit Himmel vollgesogen hatte, daß sein blasses Blau verwaschen wirkte. Ich trottete in der vor Hitze vibrierenden Luft an seiner linken Flanke entlang. Alle hundert Meter blieb ich nach Indianerweise stehen und holte aus voller Brust dreimal tief Atem.

Nach ungefähr zwanzig Minuten stand ich plötzlich direkt unter dem Gipfel, und die Landschaft veränderte sich. Eine wilde Schlucht teilte die felsige Hochebene. Zwischen zwei eingestürzten Blöcken ragten große Kiefern und hohe Sträucher. Es war leicht, in die Schlucht hinunterzuklettern, aber auf der anderen Seite wieder hinaufzukommen, erwies sich als unmöglich. Die Entfernung hatte mich über die Höhe getäuscht. Ich ging also weiter am Fuß der steilen Wand entlang, überzeugt, irgendwo einen Kamin zu finden.

Der Trab des Indianerhäuptlings wurde aber oft durch wildwuchernde Clematis und die Wirrnis einer Unmenge von Pistazienbäumchen verlangsamt. Die kleinen, spitzen Blätter der Zwergeichen, die am Rande vier symmetrische Stacheln haben, setzten sich beim Laufen auf den Zehenspitzen in meinen Sandalen fest. Von Zeit zu Zeit blieb ich stehen, streifte sie ab und klopfte sie an den Felsen aus.

Ständig scheuchte ich mit meinen Schritten Vögel auf, oder sie strichen über meinen Kopf hinweg. Ich konnte keine zehn Meter weit sehen. Das Dickicht der Bäume und die hohen Wände der Schlucht verbargen mir den Rest des Weltalls. MARCEL PAGNOL

In seinem Buch «Marcel – eine Kindheit in der Provence» berichtet Marcel Pagnol (1895–1974) über seine Jugenderlebnisse im Bergland in der Nähe von Marseille.

Sanary und die deutschen Emigranten nach 1933

Sanary – das provençalische San Nary oder St-Nazaire – war bis vor kurzem noch ein Fischerdorf mit einem einzigen, in einem alten Wachtturm am Meer installierten kleinen Hotel; es ist im Begriff, zu einem eleganten Badeort zu werden – was das ein Stückchen weiter westlich gelegene Bandol bereits seit einiger Zeit geschafft hat. Kenner wußten von beiden Orten freilich schon vor einem Menschenalter, und von Rechts wegen gehören beide Orte in die Annalen der deutschen Literatur. Bandol hat ein besonders mildes, von den bewaldeten Hügeln windgeschütztes Klima, und hier ließ sich schon zu Beginn der dreißiger Jahre der kranke elsässische Dichter René Schickele nieder. Nach dem Umsturz im Januar 1933 rief er seine verfemten und heimatlos gewordenen Freunde hierher. Bandol und Sanary wurden in den Jahren 1933 bis 1938 zu einer Heimstätte der deutschen Exil-Literatur. Thomas Mann, der nach einem billigen Ort für längeren Aufenthalt suchte, kam Anfang Mai 1933 auf Anregung Schickeles nach Bandol: «Ich habe Frau und Kinder bei mir und die notwendigsten Bücher», schrieb er, «das Klima ist höchst liebenswürdig, und es fehlt nicht an wohltuenden Zeichen der Sympathie und Treue.» Anfang Juni vertauschte er das Hotelzimmer mit einem Haus auf der Landzunge von Sanary, passend «La Tranquille» genannt: «Seit zehn Tagen bewohnen wir dies schön gelegene und allerliebst eingerichtete kleine Haus, in dem wir vier unserer Kinder, die jüngsten, bei uns haben. Unsere Zukunftspläne sind sehr schwankend.» Und im Juli: «Hier ist jetzt die Sommerhitze auf voller Höhe, aber eigentlich furchtbar wird sie doch nie, da fast immer ein wenig Wind ist, und die Abende sind erquickend. Ich sitze oft bis spät auf der kleinen Veranda vor meinem Arbeitszimmer, rauche meine Zigarre, sehe die Sterne an und bedenke des Lebens Sonderbarkeit.» Das taten auch Arnold Zweig, Feuchtwanger, Ernst Toller, Brecht, Piscator, Hermann Kesten, Werfel, Wilhelm Herzog und andere, die sich in diesen Jahren zur einen oder anderen Zeit hier niederließen. Heinrich Mann, der später nach Nizza übersiedelte, begann in Sanary sein großes Romanwerk «Henri Quatre» (den Heinrich IV. von Toulon!), dessen 28 >

Fortsetzung Seite 57

30

31

34

35

erster Band 1935 erschien. Thomas Mann arbeitete am zweiten Band des Joseph-Romans. So manches andere gute deutsche Buch wurde hier im billigen Gasthofzimmer oder am Marmortisch des Café de la Marine in Sanary, umschwirrt vom provençalischen Redeschwall, zu Papier gebracht. Aller Zukunftspläne waren «sehr schwankend»; nicht alle überlebten. Julius Meier-Graefe, der bedeutende deutsche Kunstschriftsteller, starb 1935 im benachbarten St-Cyr, René Schickele 1940 in Vence.

ARCHIBALD LYALL

Archibald Lyall beschreibt in seinem Buch «Midi» das kleine Städtchen Sanary-sur-Mer.

Winter am Meer in Bandol

Dezember 1915

Wieder ist es Abend. Das Meer steigt sehr hoch. Es kräuselt sich, flutet empor und über, umarmt die Felsen, springt auf sie. Im scharfen metallischen Licht haben die Felsen eine rötliche Färbung. Über ihnen ein breiter Gürtel von Grün, vermischt mit einem satten, rußigen Schwarz; weiter oben der Kegel eines violetten Berges; und über dem Berg leuchtet der Himmel in hellem Blau, wie das Innere einer nassen Meermuschel. Das Licht verwandelt sich jeden Augenblick. Schon während ich schreibe, ist es nicht mehr so hart. Ein paar kleine, weiße Wolken krönen den Gipfel des Berges, wie hochgeworfener Rauch. Und jetzt zieht sich eine purpurne Wolke bedrohlich und furchterregend über den Himmel. Die Bäume werfen sich herum in dem unsteten Licht. Ein Hund bellt. Der Gärtner schlurft über den frischgeharkten Weg, spricht mit sich selber, ergreift den Korb für das Unkraut und geht wieder. Zwei Liebende spazieren am Meeresufer. Sie sind in Mäntel gehüllt. Die Frau trägt ein rotes Tuch auf dem Kopf. Die beiden gehen das Ufer entlang, sehr stolz und sorglos, umarmen sich und trotzen dem Wind.

Ich bin krank heute – ich kann nicht gehen – und habe Schmerzen.

KATHERINE MANSFIELD

Katherine Mansfield (1888–1923), die bedeutendste Novellistin Neuseelands sieht die Küste des Mittelmeers nur als Verbannung. Sie lebt dort getrennt von ihrem Mann, der als Journalist in England tätig ist, getrennt von Freunden, weil ihre von der Tuberkulose schon beinahe zerstörte Lunge das englische Winterklima nicht überstehen würde.

Alltag eines Dorfes in der Vaucluse

Als Treffpunkt für die Männer des Dorfes dient das Café während der Apéritifstunden von zwölf bis ein Uhr vor dem Mittagessen und von sechs bis sieben Uhr vor dem Abendessen. Die beiden Apéritifstunden unterscheiden sich wesentlich. Die Mittagsstunde ist die Zeit für die städtischen Leute. Rivet, der Ratsschreiber, Avenas, der Schneider, Porte, ein pensionierter Radiotechniker der Marine, der wegen der Jagd aufs Land gezogen war – alle drei aus Marseille –, sind mittags immer im Café. Auch Barbier, der Notar, kommt oft. Er ist in Peyrane geboren, aber in Aix und Paris ausgebildet. Doktor Magny schaut meistens montags und freitags herein und manchmal auch mittwochs, wenn er nicht viel zu tun hat. Chobaut, der höfliche *cafetier* aus Nizza, ist der Mittelpunkt der Gruppe. Natürlich sind die Einsamen auch da, aber man nimmt kaum Notiz von ihnen, und sie beteiligen sich nicht an der Unterhaltung. Ab und zu ist einer der Männer an der Bar in Geberlaune und sagt: «Monsieur Maucorps sieht durstig aus. Geben Sie ihm auch etwas zu trinken», und der Wirt bringt ein *canon* Rotwein zu Monsieur Maucorps, der sich murmelnd bedankt.

Die Gruppe an der Bar trinkt weder Rotwein noch Pastis, sondern die modischen und teuren wermutartigen Getränke der Städter. Wieviel jeder trinkt, hängt von der Anzahl der Anwesenden ab, denn es ist üblich, daß jeder eine *tournée* (eine Runde) bezahlt. Dies ist ein feststehender Brauch, aber man kann ihn aus einem triftigen Grund leicht umgehen. Wenn jemand weggehen muß, bevor er seine Runde spendiert hat, sagt er: «Morgen bin ich an der Reihe». Wenn jemand weggehen muß, bevor er von einer ihm zustehenden Runde profitiert hat, sagt er: «Morgen dann». Aber «morgen» haben alle alles vergessen.

< 36

LAURENCE WYLIE, 1959

Ein Februartag in Oppède

Man hat den Winter nicht vorbeiziehn sehen. An diesem 10. Februar des Jahres 1977 blühen die Mandelbäume und die gelben Lilien kommen aus der Erde, der wilde Lauch verströmt starke Düfte, und die ersten Boules-Partien gehen dem abendlichen Apéritif voraus, der – genau gesagt – gegen fünf Uhr beginnt. Eine Rose erblüht langsam vor meinem zur Terrasse hin geöffneten Fenster; da schreit ein Rothuhn, das seit einigen Tagen dort seinen Wohnsitz genommen hat und sich von den Körnern ernährt, die ich meinen Hennen und Hähnen streue; diese ihrerseits leben in größter Freiheit, hausen in den Feigenbäumen und zeigen dem Nachbarshund, der sie aus traurigen Augen ansieht, die kalte Schulter. Morgen wird man draußen frühstücken – kleines Privileg des aufs Land gezogenen Städters.

Trotzdem – noch haben wir nicht überwintert. Die Bauern fürchten Fröste für die Blüten der Obstbäume. Der Mont Ventoux, genau eingerahmt durch das andere Fenster meiner Bibliothek, ist noch von Schnee bedeckt, mehr Fudschijama denn je. Weißes, vollkommenes Dreieck, das jeden Morgen durch die rosenholzfarbenen Flocken der imposanten Ulme hindurchschimmert, die dem Platze dieses Dorfes von zwanzig Einwohnern, Oppède-le-Vieux, seine Würde gibt.

Im Augenblick (drei Uhr nachmittags) ist der Platz leer. Nur drei Wagen sind diskret so nahe wie möglich an den Wällen geparkt. Der abschüssige, mit groben Kieselsteinen gepflasterte Weg, der noch nicht mit der üblichen Makadamdecke belegt ist, begrünt sich mit den Kräutern des Frühlings. Ein Nachbar sucht hartnäckig, sehr langsamen Schrittes und mit der Nase am Boden, zwischen den Steinen nach Patars – das sind Sous-Stücke aus der Zeit der Päpste in Avignon, die hier nach den großen Regengüssen auftauchen. Die Häuser, die den viereckigen Platz begrenzen, mit Fassaden aus freiliegenden Steinen, mit geschlossenen Fensterläden (die meisten sind zweiter Wohnsitz ihrer Eigentümer) bilden eine unwirkliche Theaterdekoration. Ein Hund muß den Platz überqueren oder meine Tochter mit dem Fahrrad darüberfahren, um ihm seine Realität zu geben. Vollkommenes Schweigen.

JEAN-PAUL CLÉBERT

Jean-Paul Clébert, 1926 in Paris geboren und zunächst dort sowie in Asien als Journalist tätig, entschloß sich mit dreißig Jahren, die Großstadt mit dem einfachen Leben im Luberon zu vertauschen. Sein Werk «Provence Antique» enthält dichtes Quellenmaterial. Der Text hier ist seinem Buch «Vivre en Provence» entnommen.

Ein Rodeo im Mas de Cacharel

Habt ihr denn keinen Stierkampf in der römischen Arena von Nîmes gesehen? Wir haben einen Stierkampf in der Arena von Arles gesehen; aber wir sind bald weggegangen. Schöner und heiterer war das Rodeo im Mas de Cacharel, mitten in der Ebene der Camargue gelegen, der Wind war salzig und sandig, wir standen auf einer Umwallung, durch Weidengeflecht notdürftig vor den springlustigen Stieren geschützt. Mut und Übermut der jungen Männer, wenn sie die Stiere bei den Hörnern zu packen oder sich auf ihrem Rücken zu halten versuchten. Wir zählten laut rufend mit: «Un! Deux! Trois! Quatre!» Einer von ihnen hielt sich bis «Quatorze!» Als er stürzte, wurde er vom Stier angegriffen, und es stockte uns der Atem. Doch die Hörner waren durch aufgesetzte Kugeln stumpf gemacht. Es wurde Dressur geritten, ein abwechslungsreiches ländliches Sonntagnachmittagprogramm. Im Steigbügel hängend, auf drei ungesattelten Pferden stehend, und im Galopp; wild und schön und jung und kaum dressiert: die jungen Männer und die jungen Tiere. In Avignon, in der Kirche Santa Chiara, sah Petrarca zum ersten Mal Laura Noves, die Gattin eines Herrn de Sade, liebte sie fortan und schrieb ihr ein lebenslanges Lied: Die Sonette an Madonna Laura. Der Dichter, aus Italien stammend, suchte und fand Einsamkeit im Vaucluse und beschrieb dort die Schönheit und Tugend seiner unerreichbaren Geliebten, ihre Augen, ihr Haar, die Wangen und die Lippen…

CHRISTINE BRÜCKNER, 1978

Die Brüder Goncourt über Mistral und Daudet

Donnerstag, 10. April 1884

Heute abend bei Daudet mit Mistral. Eine schöne Stirne, helle Kinderaugen, Güte, Heiterkeit, Ruhe, Folge eines Lebens in der Freiheit des Südens, guten Weins und dazu die leichte Kindlichkeit der Gesänge und Dichtungen des Troubadours.

Dienstag, 29. April 1884

Beim Essen, avenue de l'observatoire, bei Mistral setzt er uns sehr anziehend das Wesen Daudets auseinander, nennt ihn einen Menschen der Illusionen und Desillusionen, der die Skepsis des Greises und den Glauben des Kindes besitzt.

Nachher erzählt er uns von seiner Arbeitsmethode, der leichten Tätigkeit des Dichters im Süden, die darin besteht, in der Dämmerung, wenn die Natur noch schläft, einige Verse zu schreiben, am Morgen, sagt Mistral, seien die Felder schon allzusehr erfüllt mit dem lauten Aufwachen des Animalischen.

Daudet ist der reizende, lockige Junge mit glänzendem Temperament, der in jedem Augenblick sein Haar zurückwirft und sich wie Scholl sein Monokel einklemmt. Er spricht geistreich über seine Frechheit, in seinen Büchern alles zusammenzustopfen, was aus seinen literarischen Beobachtungen herstammt, und daher hat er sich, wie er sagt, mit einem Teil seiner Familie erzürnt.

Dann spricht man von dem und jenem ... Daudet gesteht, daß er viel eher vom Lärm, vom Klang der Menschen und Dinge als von ihrem Aussehen ergriffen und oft in Versuchung gebracht werde, in seinen Schriften ein Piff, ein Paff, Bumm einzusetzen. In Wirklichkeit leidet er an einer Kurzsichtigkeit, die an Schwäche grenzt und ihn wie einen Blinden durch die Zustände des Lebens gehen läßt – dennoch ist er kein schlechter Seher.

Edmond (1822–1896) und Jules (1830–1870) Goncourt zeichneten in einem Tagebuch ihre Begegnungen mit Schriftstellern und Künstlern auf und lernten dabei auch Frédéric Mistral und Alphonse Daudet kennen.

Vincent van Gogh über seinen Aufenthalt in der Provence

Mein lieber Bernard, März 1888, Arles

da ich Dir zu schreiben versprochen habe, will ich damit beginnen und Dir sagen, daß mir das Land wegen seiner klaren Atmosphäre und seiner heiteren Farbeffekte schön wie Japan vorkommt. Die Wasser bilden in der Landschaft schöne esmeraldgrüne und reiche blaue Flecken wie auf japanischen Holzschnitten (Crépons). Blaßrot-orange Sonnenuntergänge lassen das Land blau erscheinen. Glänzende gelbe Sonnen. Doch ich habe das Land noch nicht in seinem üblichen Sommerglanz gesehen. Die Kleidung der Frauen ist hübsch, und besonders sonntags sieht man auf dem Boulevard sehr naive und wohlgetroffene Farbzusammenstellungen. Im Sommer werden sie zweifellos noch heiterer sein.

Leider ist das Leben hier nicht so billig, wie ich gehofft hatte, und ich habe bis jetzt noch nicht die Möglichkeit gefunden, so gut auszukommen wie ich in Pont-Aven könnte. Anfangs gab ich 5 Francs aus, jetzt bin ich bei täglich 4. Man müßte den hiesigen Dialekt verstehen und Bouillabaisse und Knoblauch mögen, dann fände man sicher eine nicht teure bürgerliche Pension.

VINCENT VAN GOGH

In Briefen an seinen Freund Emil Bernard beschreibt Vincent van Gogh (1853–1890) immer wieder entzückt die sonnendurchflutete Landschaft um Arles.

Über die Liebe in der Provence

Die Liebe in der Provence bis zur Eroberung Toulouses durch die nordischen Barbaren im Jahre 1328

In der Provence hat die Liebe von 1100 bis 1328 eine einzigartige Form gefunden. Es waren Gesetze für die Liebesbeziehungen der beiden Geschlechter festgelegt, die ebenso streng, ebenso peinlich eingehalten wurden, wie heute die Gesetze der Ehre. Die Liebesgebote sahen zunächst einmal von den heiligen Rechten der Ehemänner völlig ab. Heuchelei galt nicht. Diese Gesetze müssen viel Glück gestiftet haben, weil sie die menschliche Natur nahmen, wie sie ist.

Es gab eine gültige Form, zu erklären, daß man in eine Frau verliebt sei, und eine ebensolche, daß man von ihr als Liebhaber angenommen werde. Wenn er ihr monatelang den Hof in einer bestimmten Weise gemacht hatte, wurde ihm erlaubt, ihr die Hand zu küssen. Die Gesellschaft gefiel sich während ihrer Frühzeit in Förmlichkeiten und Feierlichkeiten, die damals noch ein Beweis von Kultur waren; heute freilich sind sie sterbenslangweilig.

Das spiegelt sich in der Sprache der Provençalen wider, in der künstlichen Verflechtung ihrer Reime, im Gebrauch ihrer männlichen und weiblichen Wörter zur Bezeichnung derselben Sache, endlich in der erstaunlichen Zahl ihrer Dichter. Denn alles, was Form ist in der Gesellschaft und heute so albern anmutet, besaß damals noch seinen ganzen ersten frischen Zauber.

Nachdem man die Hand einer Frau geküßt hat, steigt man nach Verdienst Stufe um Stufe empor, ohne daß einem etwas erlassen wird. Man muß dabei bedenken, daß, wenn die Ehemänner auch außer Betracht bleiben, andererseits die statthafte Annäherung des Liebhabers bei dem haltmacht, was wir als Geschenk zärtlichster Freundschaft durch Menschen verschiedenen Geschlechts bezeichnen möchten. Aber nach Monaten oder Jahren der Bewährung, wenn eine Frau des Charakters und der Zuverlässigkeit eines Mannes ganz sicher ist und dieser Mann mit ihr alle Freiheiten, die die zärtlichste Freundschaft gewähren kann, vollständig ausgekostet hat, muß diese Freundschaft die Tugend doch in große Gefahr bringen. STENDHAL

In seinem 1822 erschienenen Traktat «De L'Amour» widmete Stendhal (1783–1842) ein besonderes Kapitel den provenzalischen Troubadours.

Paul Gauguin an Emile Schuffenecker

14. Januar 1885

Warum sollten uns Linien und Farben nicht auch den mehr oder weniger großartigen Charakter des Künstlers anzeigen? Nehmen Sie Cézanne, den Unverstandenen; eine zutiefst mystische Natur aus dem Orient (sein Gesicht gleicht dem eines Alten vor Sonnenaufgang) erstrebt in der Form etwas Geheimnisvolles und die schwere Ruhe eines Menschen, der sich zum Träumen hinlegt. Seine Farbe ist ernst und feierlich wie die Art der Orientalen. Als Mensch des Südens bringt er ganze Tage auf dem Gipfel der Berge mit dem Lesen Vergils und dem Betrachten des Himmels zu. Darum sind seine Horizonte hoch, seine Blau sehr intensiv, und darum vibriert das Rot bei ihm so erstaunlich. Wie man Vergil nach Gutdünken in mehr als einem Sinn interpretieren kann, so besitzt das Literarische seiner Bilder einen parabolischen Sinn in doppelter Hinsicht: seine Gründe sind ebenso imaginativ als wirklich. Um zusammenzufassen: wenn man ein Bild von ihm sieht, ruft man aus: sonderbar, aber das ist doch toll! Eine ganz besondere, mystische Schreibweise: die Zeichnungen desgleichen...

Mit Picasso bei Stierkämpfen in Arles und Nîmes

Picasso auf Reisen, das war schon verwirrend und aufregend. Ich fuhr einige Male mit nach Arles oder Nîmes. Die Fahrt wurde zu einem Ritual: In Aix-en-Provence wurde gehalten und Kaffee getrunken, dann erst ging die Fahrt weiter, und zwar auf staubig-heißen Landstraßen direkt bis vor die Arena, die er kurz vor Beginn der Kämpfe betrat, um unter den Ehrengästen Platz zu nehmen. Er wurde immer mit Applaus begrüßt, denn ein Name wie der seine zog zusammen mit der Berühmtheit der *toreros* die Menge an und gab der *corrida* eine besondere Atmosphäre. Wie alle anderen *aficionados* im Rund der Arena fieberte er der Ankunft der *matadores* und ihres Gefolges entgegen. Währenddessen fuhren diese draußen in ihren amerikanischen Straßenkreuzern vor, auf dem Dach die Degen, den Fond des Wagens vollgestopft mit den Sachen der *cuadrilla*, den Kostümen, der *muleta*. Picasso lehnte sich weit über die Brüstung und erwartete aufgeregt die Ankunft seiner Freunde. Er kannte sie fast alle, jene berühmten *toreros*, die Dominguin, Ordonez, Aparicio, Chamaco, Ortega, Benvenida und den jungen großen El Cordobes. Sie kamen zu Picasso und umarmten ihn, und die Arena war voller Begrüßungsrufe in Spanisch und voller Begeisterungsschreie im harten Provençalisch. Picasso bewunderte die Kostüme der *toreros* und beneidete sie um ihren *traje de luces*, den mit Gold- und Silberfäden kostbar bestickten Stierkämpferanzug. Eines Tages kam Dominguin zu Picasso und schenkte seinem Freund einen von seinen eigenen Anzügen. EDWARD QUINN

Der Photograph Edward Quinn, der Picasso gelegentlich auf Reisen begleitete, schildert hier dessen Leidenschaft für Stierkämpfe.

Die Feengrotte auf dem Mont de Cordes

Der Hügel von Cordes, einen Kanonenschuß von Montmajour entfernt, ist eine aus den Sümpfen ragende Felseninsel. Nur von der Südseite her ist er über einen sanften Abhang leicht zu besteigen. Ein ausgedehnter, heute teilweise ausgetrockneter Teich schützte von dieser Seite her den Fuß des Hügels. Im Norden und im Osten ist er von sehr steilen Felsen umgeben. Sein Gipfel, von Buschwerk bedeckt, zeigt eine Neigung, die sich sanft von Norden nach Süden senkt. Es war ein außerordentlich gut zu verteidigender Ort, und seine militärischen Vorzüge müssen schon sehr früh erkannt worden sein. Die meistverbreitete Meinung ist, das Plateau habe den Sarazenen, die Arles und dessen Umgebung im VIII. Jahrhundert verwüsteten, als Waffenlager gedient. Herr Anibert hat diese Auffassung erörtert in einem sehr interessanten Büchlein mit dem Titel: «Historische Dissertation über den Berg von Cordes».

Es ist unzweifelhaft, daß der sanfte Abhang, die einzige zugängliche Seite, früher befestigt war. Man sieht hier noch die Reste einer Mauer, die sich an der ganzen Flanke des Berges entlangzieht bis zu den natürlichen Steilhängen des Felsens, die ihn von allen anderen Seiten aus unangreifbar machen. Zur Zeit, zu der Anibert schrieb, 1779, war diese Mauer noch fünfzehn bis zu zwanzig Fuß hoch. Heute fehlt an dieser Höhe mehr als die Hälfte. – Das Mauerwerk ist sehr unregelmäßig und aus Steinen aller Größen zusammengesetzt, die untereinander durch einen wenig dauerhaften Mörtel verbunden sind. An seiner Basis ist das Bollwerk mehr als sechs Fuß dick; aber es verschmälert sich fortschreitend mit der Höhe. Ich habe keine Spuren des Mauerkranzes gefunden, der 1779 noch vorhanden war, und ich habe nur mit einiger Mühe die beiden Türme ausmachen können, die Herr Anibert beschrieben hat.

Auf dem Gipfel des Hügels, in der Nähe der nördlichen Steilhänge, sieht man eine durch Menschenhand in die Kalkfelsen gehauene, von Westen nach Osten sich erstreckende Höhle. Früher stieg man in sie über eine schiefe Ebene hinab, die heute durch Geröll und dichtes Gestrüpp versperrt ist. Jetzt dringt man durch eine seitliche Öffnung ein. Ihre mittlere Tiefe beträgt ungefähr zehn Fuß und ihre Länge fünfundsiebzig. PROSPER MÉRIMÉE

Prosper Mérimée (1803–1870), französischer Schriftsteller, der 1831 Inspekteur der historischen Denkmäler Frankreichs wurde. Viele seiner Reisen führten ihn in den Midi.

Denn vor mir säh ich, sprach Clémence,
Mein heitres Königreich Provence
Wie ein Orangenhain sich dehnend. Strand und Riff
Am blauen Meer, das, weich sich schmiegend,
Das Land bespült; und froh sich wiegend,
Beflaggt, mit vollen Segeln fliegend,
Die Schiffe groß und klein, am Fuß des Schlosses If.

Und den Ventoux, der blitzgespalten
Zum Himmel ragt, den weißen Alten,
Zu dessen Füßen sich der Hügel Kette dehnt;
Ein greiser Hirte, der alleine,
Umringt von wildem Pinienhaine,
In seiner Locken Silberscheine
Sein Herdenvolk bewacht, an seinen Stab gelehnt!

Die Rhône auch, zu deren Wogen
Die Städte jauchzend hergezogen,
Daß ihre Lippen kühl' der breite, grüne Strom,
So stolz im blühenden Gehege,
Und doch bedacht, daß auf dem Wege
Er grüßend sich zu Füßen lege
Der Mutter Unsres Herrn zum Avignoner Dom.

FRÉDÉRIC MISTRAL (1830–1914)

Reiseführer Provence

Land und Leute

Die natürlichen Grenzen der Provence, einer herben und großartigen Kulturlandschaft, sind im Osten die Gipfel der Alpen, im Süden das Meer, im Norden tief eingeschnittene Tallandschaften (z. B. Jabron und Aygues) und im Westen die Rhône.

Namen wie Arles und Avignon, Nîmes und Aix-en-Provence, Marseille und Camargue lassen aufhorchen. Die höchsten Erwartungen werden geweckt, wenn der Troubadour Peire Vidal (um 1200) singt, daß es für ihn nichts Schöneres und Erfreulicheres gebe, als zwischen der Rhône und Vence, zwischen dem Meer und der Durance, also in der Provence, zu weilen.

Die Provence ist in besonders bevorzugter Weise ein Land der Sonne und des Lichts, das Land einer reichen Vegetation, der Zypressen und Oliven das unverkennbare Gepräge geben. Die Provence ist ein Land der Hirten, Bauern und Weinbauern. Sie ist ein Land der Vielfalt, die von der sumpfigen Camargue und der wüstenhaften Grande Crau über die Gartenlandschaft des Comtat Venaissin bis zu den kahlen Kalkhöhen der Alpilles reicht.

Die Provence ist ein Land der Geschichte und der Kunst, ein Land der Bau- und Kunstdenkmäler, von denen einige europäischen Rang haben. Römisch ist die Maison Carrée in Nîmes, romanisch die Fassade der Abteikirche Saint-Gilles, gotisch der Palast der Päpste in Avignon. Eine mittelalterliche Festungsstadt ist das von Sümpfen umgebene Aigues-Mortes; in Saintes-Maries-de-la-Mer steht das Wallfahrtsheiligtum der Zigeuner; eine großartige Ruinenstadt ist Les Baux-de-Provence.

Die Provence ist eine verführerische Reiselandschaft, Sie läßt ihren Besucher nirgendwo zur Ruhe kommen. Kaum hat er ein verlockendes Ziel erreicht, weisen Wegweiser ihn auf neue Verlockungen hin. Und das ist gut so, denn der Besucher der Provence muß entweder von Natur aus ein wenig Vagabund sein, oder er muß zum Vagabundieren verlockt werden, denn nur dann vermag er die ganze Schönheit und den großen Reichtum dieser einzigartigen Landschaft so intensiv und vollständig zu erleben, wie die Provence es wert ist.

Lage und Größe

Man sollte meinen, daß der mit so großer Selbstverständlichkeit gebrauchte Name Provence ein fest umrissenes Gebiet bezeichne. Diese Meinung wäre unzutreffend. In Übereinstimmung mit der Vorstellung, die sich vor allem im Tourismus durchgesetzt hat, werden in diesem Reiseführer die Gebiete der Departements Bouches-du-Rhône, Vaucluse und Gard unter dem Namen Provence zusammengefaßt. Außer den drei obengenannten Departements werden noch Randgebiete einiger Nachbardepartements einbezogen, insbesondere Teile des Departements Drôme. So ergibt sich ein beiderseits der Rhône zwischen der Mittelmeerküste und Montélimar gelegenes Gebiet, das etwa 15 500 km² groß ist (fast dem Bundesland Schleswig-Holstein gleich) und in dem rund 2,3 Millionen Menschen leben.

Aus: Polyglott-Reiseführer «Provence», Band 792. (9. Auflage 1981/82.)

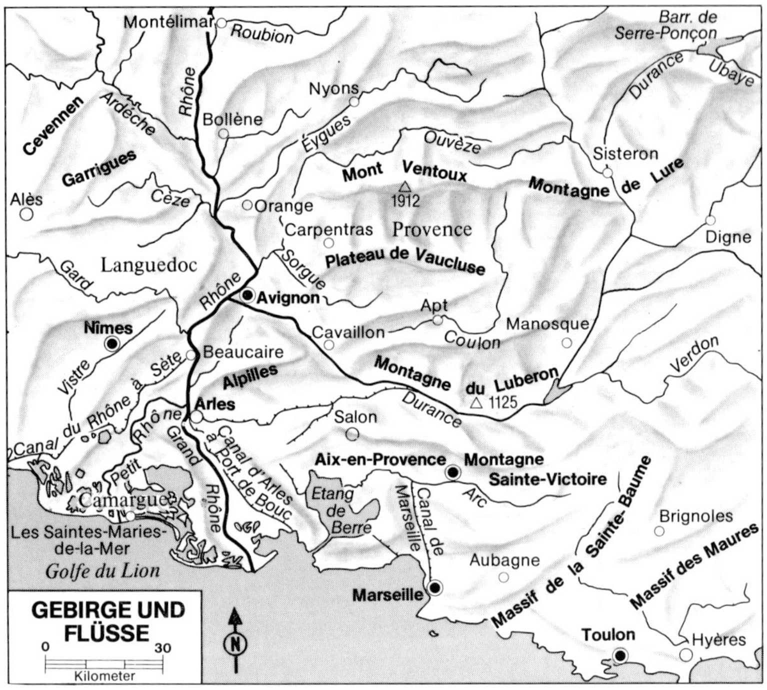

Landschaft

Die von Norden nach Süden fließende Rhône (die übrigens in der französischen Sprache männlichen Geschlechts ist) scheidet zwei Landschaften voneinander: das Languedoc im Westen und die Provence im historischen und geographischen Sinn im Osten. Tief ins Languedoc greifen die Ausläufer der Cevennen, besonders die Garrigues, hinein. Östlich der Rhône sind es die Alpen und ihre Ausläufer, die das Bild der Landschaft mitprägen. Außerdem gibt es östlich der Rhône einige von West nach Ost verlaufende Höhenzüge, denen gelegentlich ein Zusammenhang mit dem unter dem Golfe du Lion sich nach Osten fortsetzenden pyrenäischen System zugeschrieben wird. Drei dieser Höhenzüge tragen wesentlich zur Gliederung des Gebietes zwischen Vaison-la-Romaine und Eyguières bei. Es sind dies das Massiv des Mont Ventoux (1912 m), die Montagne du Lubéron (bis zu 1125 m) und die bis zu knapp 500 m hohen Alpilles. Die im Languedoc gelegenen Garrigues erreichen nur Höhen zwischen 200 und 300 m.

Das untere Rhônetal war in vorgeschichtlicher Zeit eine Meeresbucht, die bis über Avignon hinaus nach Norden reichte und die dann in eine Art Fjord überging, in den die vorgeschichtliche Rhône in der Gegend von Donzère einmündete. In diesem einstigen Meeresgebiet liegen heute einige durch intensive Bewässerung in höchst fruchtbare Landschaften verwandelte Ebenen. Die erste erstreckt sich von Donzère bis Mondragon; die zweite ist der Comtat Venaissin, der sich von Avignon aus weit nach Nordosten hinzieht; der Höhenzug der Alpilles scheidet sodann die Petite Crau, die äußerst fruchtbares Gemüseland ist, von der im Süden gelegenen Grande Crau, die besonders beiderseits der Straße N 568 noch eine echte Steinwüste ist (die Kieselsteine wurden von der Durance herangeführt, die heute weiter nördlich in die Rhône mündet, früher aber direkt dem Meer zuströmte). Der östlich von Arles gelegene Teil der Grande Crau ist in einer allmählichen Umwandlung in Kulturland begriffen. Das eigenartigste Landschaftsbild bietet sich im Rhônedelta, in der sogenannten Camargue.

Klima

Was am Klima der Provence am meisten gerühmt wird, sind die Intensität des Lichts, die Spärlichkeit der Regenfälle und die angenehmen Temperaturen. Aber es sind doch einige entscheidende Abstriche zu machen. Von angenehmen Temperaturen, also von Temperaturen, die den unternehmungslustigen Provencebesucher nicht zur Untätigkeit verdammen, kann eigentlich nur von etwa Mitte Mai bis Ende Juni sowie im September und Oktober gesprochen werden. Zwischen diesen beiden Perioden liegt der heiße Sommer, in dem die Temperatur auch nachts in der Regel nicht unter zwanzig Grad sinkt. Die Hitze ist zwar wegen der geringen Luftfeuchtigkeit verhältnismäßig gut zu ertragen, wirkt aber auf den Touristen, der die Tage mit Ausflügen und Besichtigungen verbringen will, schlechthin lähmend. Die leichten, von See her wehenden Winde und die kräftigen, von Sturzregen begleiteten Gewitter machen den Sommer kaum erträglicher.

Eine Besonderheit des Provenceklimas ist der Mistral, ein trockener Wind, der in starken Böen von den Cevennen her über das Land hinwegtobt und an die Stelle von Regenwolken Staubwolken setzt. Infolge dieses Windes, der drei bis sechs Tage (in wenigen Ausnahmefällen auch bis zu neun Tagen) anhalten kann, kommt es vielfach zu erheblichen Temperaturstürzen. Wegen seiner Gewalt stellt der Mistral eine der großen Bedrängnisse der Bevölkerung dar. Auch der Verkehr wird von ihm betroffen. Der Tourist, der an Mistraltagen mit dem Wagen unterwegs ist, ist wohlberaten, wenn er langsam fährt und sein Lenkrad so festhält, daß er jederzeit auf die höchst gefährlichen Böen, die mühelos selbst Eisenbahnwagen umstürzen können, schnell und richtig zu reagieren vermag.

Bevölkerung

Zweierlei wird dem Besucher der Provence an den Provenzalen, die ein galloromanisches Volk sind, besonders auffallen, sofern er mit ihnen engeren Kontakt aufnimmt und sich mit ihnen zu unterhalten versucht: Das erste ist die Sprache. Man hört zwar nicht mehr jene provenzalische Sprache, die bis in den Beginn der Neuzeit hinein die offizielle Sprache Südfrankreichs war. Diese Sprache ist längst wieder in die Einzeldialekte zerfallen, über die sie sich gelegt hatte. Aber diese Dialekte erweisen sich weiterhin als einer bestimmten Gruppe galloromanischer Sprachen zugehörig, deren Lautstand dem des Iberoromanischen sehr nahe kommt. Eigentümlichkeiten der Aussprache werden von den provenzalischen Dialekten auf das Hochfranzösische übertragen, und besonders auf diese Weise wird der Tourist mit provenzalischer Sprache in etwa in Berührung gebracht. Es sind besonders drei Dinge, die das provenzalische Französisch kennzeichnen und für den Touristen zunächst etwas unverständlich machen: Die Nasale fallen weg. Man darf nach dem Beispiel der Provenzalen Avignon getrost wie «Awinjong» aussprechen. Sodann werden viele Endsilben, die im Hochfranzösischen stumm sind, gesprochen. So spricht man Arles nicht «Arl», sondern «Arlö», wobei das «ö» kräftiger ist als das flüchtige «ö», das für die Aussprache etwa des Wörtchens «de» vorgeschrieben ist. Endlich werden im provenzalischen Französisch viele Endkonsonanten hörbar, die im Hochfranzösischen nicht gesprochen werden. Das gilt ganz besonders für die Laute «s» und «z». Hat man diese Unterschiede gegenüber dem Hochfranzösischen einmal erfaßt, wird einem, sofern die Aussprache des Hochfranzösischen Schwierigkeiten bereitet, die französische Sprache wenigstens hinsichtlich der Aussprache leichter erscheinen. Von dieser «leichteren» Aussprache darf man einen Sprung zum «leichten Sinn» (was nicht Leichtsinn bedeutet) der Provenzalen machen. Zu diesem «leichten Sinn» gehört die Lust der Provenzalen, zu übertreiben, maßlos zu übertreiben. Jener Tartarin de Tarascon, den Alphonse Daudet in seinem gleichnamigen Roman dargestellt hat, und die Marseiller Witzfiguren Marius und Olive sind echte Provenzalen, und fast jeder Provenzale kann sich zu gegebener Zeit als ein Tartarin, Marius oder Olive erweisen, als ein Aufschneider, auf dessen Erzählungen man leicht hereinfallen kann.

Feste

Unter den zahlreichen Festen und Veranstaltungen der Provence nehmen die Zigeunerwallfahrt nach Saintes-Maries-de-la-Mer und die Stierveranstaltungen eine besondere Stellung ein. Die Zigeunerwallfahrt wird auf Seite 7 und 8 beschrieben. Im Zusammenhang mit Stieren gibt es Veranstaltungen verschiedener Art fast überall im Land. Vor allem in Nîmes und in Arles werden Courses de Taureaux – Mises à mort veranstaltet. Das sind Stierkämpfe spanischen Stils, bei denen es um die Tötung des Stiers (mise à mort) geht. Verbreiteter sind die Courses de cocarde. Bei diesen «Stierkämpfen» haben ein bis zwei Dutzend junge Burschen die Aufgabe, dem Stier eine Kokarde zu entreißen, die zwischen dessen Hörnern befestigt ist. Da die provenzalischen Stiere ungemein beweglich und angriffsfreudig sind, stehen die jungen Burschen vor einer gar nicht leichten Aufgabe. Sie werden meist weit mehr gejagt als der Stier, und mehr oder weniger ernste Verletzungen sind dabei keine Seltenheit. Für die Entreißung der Kokarde wird eine Prämie ausgesetzt. Sie ist um so höher, je gefährlicher der Stier ist.

Im Stierzuchtgebiet der Camargue locken die Ferrados viele Zuschauer an. Es geht dabei um das Einfangen und Markieren der Jungtiere. Das Zeichen des Herdenbesitzers wird den Jungtieren mit einem heißen Eisen eingebrannt. Auf sonstige Feste und Veranstaltungen wird in den Ortsbeschreibungen hingewiesen.

Wirtschaft

Die Provence ist überwiegend Agrarland. Die Viehzucht ist vor allem in der Camargue (Pferde und Stiere) und in der Crau (Schafe) vertreten. Typisch für die Camargue ist der Reisanbau. Salon-de-Provence ist ein Zentrum des Olivenanbaus und der Ölgewinnung. Die Gegend um Aix-en-Provence ist überreich an Mandelbäumen; infolgedessen gibt es in der Stadt eine Gebäckindustrie, die vor allem «calissons» (Mandeltörtchen) herstellt. An den Hügeln der Rhône wachsen Reben; unter den Rhôneweinen, die insgesamt als Côtes du Rhône bekannt sind, ist der Châteauneuf-du-Pape der berühmteste. Auf karstigen Hügeln und niedrigen Hochflächen wächst eine Art niedrige Macchia, eine Pflanzengesellschaft, in der vor allem Rosmarin und Thymian, Basilikum, Majoran und wilder Fenchel die Kräutersammler entzücken. Für die bekannte Mischung «Herbes de Provence», die man überall auf den Märkten kaufen kann, werden allerdings diese Kräuter zum Teil schon angebaut. Ausgezeichnete Gemüse- (Frühgemüse) und Obstanbaugebiete sind die gut bewässerten Landschaften des Comtat Venaissin und die Petite Crau mit den wichtigen Zentren Carpentras einerseits und Châteaurenard andererseits (Frühkartoffeln, Spargel, Kohlarten, Aprikosen, Pfirsiche, Kirschen). Die Industrie ist vor allem in und um Marseille beheimatet. Zu erwähnen sind aber auch die Kalk- und Zementindustrie westlich der Rhône, die Bauxitlagerstätten bei Les Baux-de-Provence und das Atomenergiezentrum von Marcoule (bei Orange), in dem man Plutonium gewinnt.

Geschichtlicher Überblick

Für die Garrigues, und zwar speziell für die Gegend der Gorges du Gardon, läßt sich eine eiszeitliche Besiedlung nachweisen. Es gibt dort eine Anzahl von Höhlen mit eiszeitlichen Malereien und Gravierungen. Dort gemachte Funde befinden sich hauptsächlich im Musée archéologique in Nîmes. An die Menschen der Jungsteinzeit und der Bronzezeit erinnern vor allem mächtige Grabbauten (Megalithbauten, die meist Allées couvertes genannt werden). Ihre Verbreitung zeigt, daß das Siedlungsgebiet der vorgeschichtlichen Menschen sich bereits über den größten Teil der Provence erstreckt. Unter den bronzezeitlichen Kulturen gibt es eine Rhône-Kultur, deren Spuren vor allem im Tal der Rhône anzutreffen sind. Die

Träger der letzten vorgeschichtlichen Kulturen waren die Ligurer, die auch an der italienischen Riviera ansässig waren (der Name Ligurien erinnert an sie), und diese Ligurer sind zugleich die erste namentlich bekannte Bevölkerung der Provence in historischer Zeit.

Um 600 v. Chr. Griechen aus Phokaia (Kleinasien) gründen die Handelsniederlassung Massalia (Marseille), von der sehr bald weitere Gründungen im Rhônegebiet ausgehen.

Um 400 v. Chr. Die Kelten dringen, dem Lauf der Rhône folgend, bis über Avignon hinaus nach Süden vor. Nach und nach bildet sich ein keltisch-ligurischer Macht- und Kulturbereich. Einer der bedeutendsten keltisch-ligurischen Stämme sind die Salyer, deren Hauptstadt in der Nähe des heutigen Aix-en-Provence lag, also in der Nachbarschaft des griechischen Massalia.

Um 325 v. Chr. Pytheas aus Massalia bereist als Geograph den ganzen Nordwesten Europas und kommt bis zu den Shetland- und Orkney-Inseln. Um die gleiche Zeit beginnt Massalia, das sich bisher mit der Gründung von Handelsniederlassungen begnügt hat, ein Kolonialgebiet zu schaffen, in das nach und nach die untere Provence einbezogen wird. Es entsteht eine kleine Gallia Graeca («Griechisches Gallien»), zu deren Städten Glanum (heute Saint-Rémy-de-Provence), die hellenischste unter den Griechenstädten Galliens, gehört.

3. Jh. v. Chr. Ein erneuter Kelteneinbruch führt zur Zerstörung griechischer Städte und zu einer Gefährdung des ganzen griechischen Gallien. Zur gleichen Zeit ergreifen die Massalioten in den Punischen Kriegen (ab 264 v. Chr.) die Partei Roms gegen das ihnen schon lange lästige Karthago.

125 v. Chr. Die gallischen Griechen, insbesondere die Massalioten, rufen die Römer gegen die keltisch-ligurischen Salyer und gegen andere von Norden her vordringende Völker zu Hilfe. 123 v. Chr. erobert der Römer C. Sextius Calvinus die Hauptstadt der Salyer und gründet die Stadt Aquae Sextiae (heute Aix-en-Provence). Die Römer benutzen die Gelegenheit, sich im griechischen Gallien ohne die geringste Rücksicht auf Massalia festzusetzen. In Kämpfen gegen Arverner und Allobroger und insbesondere gegen die Teutonen (102 v. Chr. römischer Sieg bei Aquae Sextiae) festigen die Römer ihre Position und bauen ihren Machtbereich weiter aus.

49 v. Chr. In den Kämpfen zwischen Caesar und Pompeius stellt sich Massalia auf die Seite des Pompeius, wird von Caesar erobert und sinkt nach und nach auf die Stufe einer unbedeutenden Landstadt herab.

31 v. Chr.–14 n. Chr. Im Rahmen der Neuordnung des Römischen Reiches wird unter Kaiser Augustus die senatorische Provincia Narbonensis geschaffen, die einen großen Teil Südgalliens umfaßt. Für diese Provinz setzt sich die einfache Bezeichnung Provincia durch, aus der später der Name Provence wird.

5.–6. Jh. n. Chr. Nach dem Zusammenbruch des Römischen Reiches herrschen germanische Fürsten in der Provence. Gegen Ende des 6. Jahrhunderts gehört die Provence größtenteils zu Burgund, zu einem kleinen Teil zum westgotischen Septimanien.

8. Jh. Die Provence wird dem fränkischen (karolingischen) Reich einverleibt.

9. Jh. Mit dem Vertrag von Verdun (843), durch den das karolingische Reich geteilt wird, beginnt die endgültige Zerschlagung der großen Provence (im Sinn der römischen Provincia). Am Ende der Teilungen (879 und 880 Verträge von Verdun und Ribémont) gehören die östlich der Rhône gelegenen Teile und ein wenig tiefer Streifen am Westufer der Rhône zu dem neuen Königreich, das Niederburgund, Provence und Arelat genannt wird und dessen Hauptstadt Arles ist. Der erste König ist Boso von Vienne (879–887).

947 Niederburgund wird mit Hochburgund vereinigt. Das neue Königreich Burgund steht unter einer gewissen Oberhoheit der Kaiser des Heiligen Römischen Reiches Deutscher Nation.

1033 Das Königreich Burgund wird mit dem Heiligen Römischen Reich verbunden, das nunmehr aus den Königreichen Deutschland, Italien und Burgund besteht. Da die kaiserliche Gewalt besonders im Süden Burgunds nur wenig spürbar wird, können sich verhältnismäßig unabhängige Herrschaften entwickeln. Die bedeutendste unter ihnen wird die Grafschaft Provence (im wesentlichen die heutigen Departements Var, Bouches-du-Rhône und Vaucluse).

1112 Ramón Berenguer III., Graf von Barcelona, heiratet Douce, die Erbin der Grafschaft Provence. Die Grafschaft Provence, erweitert um die Grafschaften Venaissin (Departement Vaucluse) und Forcalquier (im Westen des Departements Basses-Alpes), gehört bis gegen Mitte des 13. Jahrhunderts einer jüngeren Linie des Hauses der Grafen von Barcelona.

1178 Kaiser Friedrich I. Barbarossa wird in Arles zum König von Burgund gekrönt.

12. Jh. Die Städte der Provence, besonders Marseille, Arles, Avignon und Tarascon, erkämpfen sich eine weitgehende Autonomie und werden von den Grafen mehr oder weniger unabhängig.

1209–1229 In den Kriegen gegen die häretischen Albigenser, denen sich unter anderen die Stadt Avignon angeschlossen hat, festigt die französische Krone ihre Position in Südfrankreich, auch in der Provence.

1246 Beatrix, jüngste Tochter und Erbin des Grafen Raymond-Bérenger V. von Provence, heiratet Karl von Anjou (später König Karl I. von Neapel), den Bruder des französischen Königs Ludwig IX., des Heiligen (dieser war seit 1234 mit Margarete, der ältesten Schwester der Beatrix, verheiratet). Das Haus Anjou (später das ihm verwandte Haus Maine) bleibt bis 1481 im Besitz der Grafschaft Provence. Jedoch wird die Grafschaft Venaissin 1274 von der Provence getrennt und dem Papst überlassen.

1309–77 Die Päpste residieren in Avignon («Babylonische Gefangenschaft der Kirche»). 1348 erwirbt Papst Klemens VI. die Stadt von Johanna I., Königin von Neapel und Gräfin von Provence. Avignon und die obenerwähnte Grafschaft Venaissin bleiben bis 1791 Teile des Kirchenstaats.

1365 Kaiser Karl IV. wird in Arles zum König von Burgund gekrönt. Wenig später verzichtet er auf alle Rechte, die er de jure als Kaiser in Burgund besitzt, die aber de facto schon seit langer Zeit keine Bedeutung mehr haben. Diese Rechte gehen auf die französische Krone über.

1409–80 René I. (er lebt im Volk noch heute als der «gute König René» weiter), Herzog von Anjou, König von Neapel und Graf von Provence, residiert in Aix-en-Provence und erweist sich als ein Förderer der Künstler und Dichter. Er vererbt die Provence seinem Neffen Karl von Maine. Dieser vermacht die Provence 1481 testamentarisch Ludwig XI. von Frankreich, der die Provence zum Kronland macht. Die Provence behält einige Sonderrechte, und die Könige von Frankreich nennen sich in Gesetzen und Verordnungen, die die Provence betreffen, «Graf von Provence und Forcalquier».

1545 Die an den Südhängen der Montagne du Lubéron ansässigen häretischen Waldenser werden auf Veranlassung König Franz' I. ausgerottet oder verjagt.

1559 Stadt und Herrschaft Orange fallen an Wilhelm von Nassau, der sich daher «Prinz von Oranien» nennt. Als Orange 1713 an Frankreich zurückfällt, bleibt der Name Oranien mit dem niederländischen Königshaus verbunden.

1720/21 Mehr als 100 000 Menschen sterben in der Provence an der Pest, die über den Hafen von Marseille eingeschleppt worden ist.

1790 Die Revolutionsregierung gliedert die Provence in die Departements Bouches-du-Rhône, Basses-Alpes und Var; 1793 kommt das Departement Vaucluse hinzu.

1942 Die Provence wird von deutschen Truppen besetzt und im August 1944 durch französische Truppen und Mitglieder der Widerstandsbewegung befreit.

1972 Neueinteilung der 95 Departements in 23 Regionen.

37 >

Fortsetzung Seite 73

CAFÉ

38

39

AVENUE
DU LUBERON
2
40

Cannes-Grasse
nice-ma
Dix-neuf terroristes ont été inculpés par la Cour de sûreté de l'État
Grèves aux P.T.T.
Segard met en garde les syndicats
TCHAD : La France lance un appel au cessez-le-feu
LOTO
ça suffit !!!
Mode :
41

SURGELÉ
-FINDUS-
DÉPOT
Cathie
jambes plantes cheveux qui poussent
Martine
ANANAS
Tomates Petits
Choux Fleurs
Fèves
Carottes

de PAIN
GLACES
-GERVAIS-
VINS DES CÔTES DU
LUBÉRON
en direct des producteurs
Pêches de France.
Noix
18F00
Tomates
20F00
Macaïr
5F00
Radis
2F00
Asperges
Endives
12F00
Aubergines
12F00
Fenouil
6F00
Pois Gourmand
18F00
Concombres
15F00
1kg

43

44

45

46

POSTES
LA PROCHAINE
LEVÉE
AURA LIEU

Kunst und Kultur

Die Antike

Von den westeuropäischen Provinzen des Römischen Reiches ist keine so gründlich romanisiert worden wie die Provence. Römische Stadtkultur und Urbanität spielten dort daher eine sehr große Rolle. Zahlreiche provenzalische Städte sind römische Gründungen oder aber vorrömische Ansiedlungen, die von den Römern umgestaltet und geprägt worden sind. Das gilt für Aix-en-Provence, Arles, Cavaillon, Carpentras, Glanum (Ruinenstätte), Nîmes, Orange und Vaison-la-Romaine. In den meisten dieser Städte wurden Bauten errichtet, die sich mit den Bauten Roms und anderer Städte Italiens messen konnten. Arles, die Hauptstadt einer der sieben Provinzen des römischen Galliens, unter den sieben Hauptstädten aber mit dem Vorrang der «Metropolitana» ausgestattet, wurde sogar Gallula Roma, das kleine gallische Rom, genannt. Bauten wie der Tempel von Nîmes (heute Maison Carrée genannt), das Theater von Orange, das Amphitheater (Les Arènes) von Arles und der Aquädukt Pont du Gard vermitteln einen großartigen Eindruck von der römischen Provence.

Daß die Romanisierung der Provence keine Äußerlichkeit war, bewiesen aus der Provence stammende römische Dichter wie Publius Terentius Varro Atacinus (1. Jh. v. Chr.) und Gaius Cornelius Gallus (69–26 v. Chr.), von denen der letztere ein Freund Ovids war und zu den ältesten römischen Elegikern zählt.

Das Mittelalter

Die Bau- und Kunstdenkmäler aus frühchristlicher Zeit (bis um etwa 500 n. Chr.) sind nicht sehr zahlreich. Unter ihnen befinden sich vor allem die Taufkapellen von Venasque und Aix-en-Provence (hier Teil der Kathedrale), ferner die Gräberstraße Les Alyscamps in Arles und (hauptsächlich von dieser Gräberstraße stammende) Sarkophage des 4. und 5. Jahrhunderts, die jetzt im Musée d'art chrétien in Arles stehen.

Das 12. Jahrhundert ist die Zeit der romanischen Kunst, die mit zahlreichen Werken in allen Teilen des Landes vertreten ist. Die provenzalische Romanik ist der römischen Baukunst ganz besonders stark verhaftet (römisches Tonnengewölbe; Grundriß nach Art der römischen Basilika). Die Bauten der Romanik sind Sakralbauten, und zwar vorwiegend Kathedralen, Abteien und Dorfkirchen, diese meist in der Form der Wehrkirche. Zu den eindrucksvollsten Bauwerken der Romanik gehören die ehemalige Kathedrale Saint-Trophime (Portal und Kreuzgang) in Arles, die einstige Abteikirche Saint-Gilles (Fassade) und die Wehrkirche von Les Saintes-Maries-de-la-Mer.

Die gotische Kunst, die mit sakralen und profanen Denkmälern vertreten ist, erhielt durch die Künstler, die die Päpste während ihres Aufenthaltes in Avignon in die Provence kommen ließen, eine besondere Prägung. Das gilt in erster Linie für die Baukunst; in Verbindung mit ihr wird von einer «Gotik der Päpste» gesprochen. Das bedeutendste Baudenkmal dieser Epoche ist der Papstpalast in Avignon, neben dem aber auch Festungsbauten wie das Fort Saint-André in Villeneuve-lès-Avignon durchaus bestehen können. Die Zeit der Romanik und der Gotik ist auch die große Blütezeit der provenzalischen Literatur. Zu Beginn des 12. Jh. entstand das Chanson de Guillaume, ein Heldengedicht, dessen Handlung zu einem wesentlichen Teil in Nîmes und Orange abläuft. Wichtiger wurde jedoch die besonders im 12. und 13. Jh. blühende höfische Dichtkunst, die Kunst der Troubadours. Der provenzalische Adel, der durch die Kreuzzüge besonders stark mit der verfeinerten Lebensweise von Byzanz in Berührung kam, übernahm diese Lebensformen. Die Burgen wurden durch schöne Möbel und Teppiche wohnlicher gestaltet. Man kleidete sich in kostbare Gewänder und trug erlesenen Schmuck. Es entwickelte sich ein gesellschaftliches Leben, das geradezu mondäne Züge annahm. Feste waren an
< 47 der Tagesordnung, und an der Gestaltung der Feste hatten die Troubadours einen wesentlichen Anteil. Ein Adelshof ohne Künstler und Dichter war nicht mehr denkbar. Die Provence wurde die literarische und gesellschaftliche Lehrmeisterin ganz Frankreichs.

Die Neuzeit

Die am Übergang vom Mittelalter zur Neuzeit stehende Renaissance ist in der Provence nicht mit Bauten und Kunstwerken vertreten, die besonders hervorzuheben wären. Anders ist es mit dem Barock, für den die Provenzalen offenbar mehr Verständnis und Liebe empfunden haben. Die vielen Barockpalais in Aix-en-Provence und der Jardin de la Fontaine in Nîmes machen das deutlich. Das 19. Jh. bringt in Europa eine Nachahmung alter Kunststile. Besonders beliebt ist die Kombination von romanischen und byzantinischen Stilelementen. Neobyzantinisch-romanische Bauten sind vor allem die neue Cathédrale de la Major und die Basilique de Notre-Dame-de-la-Garde, beide in Marseille. An römische Aquädukte erinnert der Mitte des 19. Jh. errichtete Aquädukt von Roquefavour.

Die moderne Baukunst hat vor allem in Marseille Fuß fassen können. Berühmtheit hat in der modernen Architektur die Unité d'habitation erlangt, die Le Corbusier in den Jahren 1947 bis 1952 in Marseille erbaute. Wie gefährlich modernes Bauen alten und erhaltenswerten Baudenkmälern werden kann, zeigen die größtenteils von wenig Geschmack zeugenden Modernisierungen in Manosque.

Die Nachahmung alter Kunststile, die das 19. Jh. kennzeichnet, hat eine Parallele in dem Versuch, die provenzalische Sprache und Literatur neu erstehen zu lassen. 1854 gründeten Joseph Roumanille und Frédéric Mistral den Félibrige, eine Dichterschule zur Pflege der provenzalischen Sprache. Das Fernziel der beiden Männer und ihrer Mitstreiter war eine Wiedergeburt der kulturellen Traditionen der Provence. Es wurden zwar einige beachtenswerte literarische und philologische Werke geschaffen («Mirèio» von Mistral; «Le Trésor du Félibrige», das große Wörterbuch des Provenzalischen), aber zu der gewünschten Wiedergeburt kam es nicht. Im 20. Jh. gelang es einigen provenzalischen Dichtern und Schriftstellern, sich gute Plätze unter den französischen Literaten zu sichern. Zu ihnen gehören der 1888 in Avignon geborene Henri Bosco, der in Romanen wie «Der Esel mit der Samthose» und «Der Hof Théotime» die Provence großartig schildert; der 1907 in Isle-sur-la-Sorgue geborene René Char, dessen Lyrik, über die Provence weit hinausgreifend, sich den Problemen der Menschheit zuwendet; der 1895 in Aubagne geborene Marcel Pagnol. Dieser letzte ist vor allem Verfasser von Komödien, die sich mit den Menschen der Provence befassen. Diese Menschen sind die Helden der Marseiller Trilogie «Marius», «Fanny» und «César». Einige seiner Komödien hat Pagnol selbst verfilmt. Der Provencebesucher, der des Französischen einigermaßen mächtig ist, sollte sich eine Komödie oder einen Film von Pagnol ansehen. Von anderen Literaten wird in den Ortsbeschreibungen gesprochen werden.

Speisen und Getränke

In der provenzalischen Küche spielen Knoblauch, Olivenöl und Fische eine führende Rolle. Vom Fisch sagt ein provenzalisches Sprichwort, daß er im Wasser lebt und im Öl stirbt. Nachstehend werden aus jeder Gruppe von Gerichten einige Spezialitäten, die man kosten sollte, genannt.

Suppen: Soupe au pistou ist eine Suppe, die aus möglichst vielen Gemüsesorten, vor allem aus Tomaten und roten Bohnen, zubereitet und mit Basilienkraut gewürzt ist. – Soupe de poisson (Fischsuppe) ähnelt sehr stark der Bouillabaisse, sie wird in der Regel mit gekochten Spaghetti und geriebenem Parmesankäse serviert.

Vorspeisen: Grüne, mit Rosmarin gewürzte Oliven und schwarze Oliven sind als Vorspeise sehr beliebt. La tapenade ist eine pikante Vorspeise, die aus gestampften, im eigenen Öl eingelegten Oliven besteht. La poutargue de Martigues ist der provenzalische Kaviar (Rogen der Seebarbe).

Fischgerichte: La brandade de morue ist ein provenzalisches Stockfischgericht (der Fisch wird zerstoßen und in Olivenöl getränkt). Le loup oder le roget de roche gilt als Feinschmeckergericht; es handelt sich um gerösteten Rötling mit Fenchel. Das bekannteste und berühmteste Fischgericht ist die Bouillabaisse, eine Fischsuppe, die es in so vielen Arten gibt, daß man sagen könnte, jeder Fischer und jede Fischersfrau bereite sie auf eine eigene Art zu. Wesentlich für alle Arten ist, daß nur Fischsorten verwendet werden (dürfen), die an den Felsenküsten des Mittelmeeres leben und sich dort von Algen ernähren (die Algen geben dem Fischfleisch einen besonders kräftigen Geschmack). Diese Fische müssen absolut frisch sein (sie dürfen nicht in einem Kühlschrank aufbewahrt worden sein und sollen auch nicht mit Eis in Berührung gekommen sein). Es gibt mehr als ein Dutzend Fischsorten, die für die Suppe gebraucht werden können, und für viele von ihnen gibt es keinen deutschen Namen (z. B. rascasse, saintpierre, baudroie, sarran). Aus diesen Fischen wird eine Suppe zubereitet, in die sehr reichlich Olivenöl gehört. Gewürzt wird die Suppe mit Zwiebeln, Lauch (Schalotte), Knoblauchzehen, Petersilie, Fenchel, Tomaten und Safran (wer die Suppe besonders scharf wünscht, muß sich etwas rouille, Safran, extra geben lassen). In diese Suppe taucht man Scheiben gerösteten Brots.

Gemüse: Im Vordergrund stehen Tomaten, Auberginen (Eierfrüchte) und courgette (kleiner Kürbis), die mit Öl übergossen, mit Knoblauch und Petersilie gewürzt und im Ofen gebacken werden. Artischocken à la barigoule werden mit Schinken und Kräutern garniert. Reis (er kommt aus der Camargue) wird ebenfalls den Gemüsen zugerechnet (auf der Speisekarte); eine typisch provenzalische Zubereitungsart gibt es bisher nicht.

Fleischgerichte: Les pieds et paquets (Füße und Pakete) sind eine Marseiller Spezialität. Es handelt sich vor allem um die zu kleinen Paketen zusammengeschnürten, mit Speck gespickten und mit Knoblauch, Zwiebeln und Petersilie gewürzten Innereien des Hammels, die eine ganze Nacht (mindestens aber 7 Stunden) zusammen mit Tomaten in Weißwein gekocht werden. Eine ähnlich lange Kochzeit erfordert auch das Fleisch der Camargue-Stiere, das mit Tomaten, Oliven und Wein zusammen zu einem recht mürben Braten geschmort wird.

Käse: Man serviert vor allem Ziegenkäse, und zwar vorwiegend den fromage de chèvre sec aus dem Gard und die brousses de chèvre aus dem Rove.

Früchte: Die Auswahl an Früchten ist recht groß. Man reicht sie meist in den schönen Steingutschalen, die in Aubagne hergestellt werden. Vor allem zu empfehlen sind die Pfirsiche aus Cabannes, die Aprikosen aus Roquevaire, die Erdbeeren aus Baudinard, die Melonen aus Cavaillon, die Kirschen aus Solliès-Pont und die Kastanien aus Collobrières.

Kuchen und Konfekt: Der aus Mandeln und Honig hergestellte Nougat und die Mandeltörtchen aus Aix-en-Provence sind eine Probe wert.

Weine: Von den Rhôneweinen sind in erster Linie Châteauneuf-du-Pape, Tavel und Gigondas zu nennen. Provenceweine im engeren Sinne sind der Tibouren, Mourvèdre, Clairette de Trans, Grenache, Picardan und andere. Vorzügliche ältere (und daher meist teure) Jahrgänge sind der Rotwein von 1933 und die Weißweine von 1937, 1939, 1941, 1944, 1945, 1947 und 1949.

Reisewege

Mit dem Flugzeug: Der wichtigste Flughafen für den internationalen Flugverkehr in der Provence ist Marseille-Marignane. Linienmaschinen aus der Bundesrepublik Deutschland, aus Österreich und der Schweiz fliegen das ganze Jahr über diesen Flughafen an.

Der zweite Flughafen, der im Rahmen einer Provencereise angeflogen werden könnte, ist der Flughafen Nîmes.

Auskunft über Flugpläne und Flugpreise, aber auch über verbilligte Angebote wie Wochenendflüge, IT-Flüge und organisierte Städteflüge erhält man bei den Reisebüros und den Vertretungen der Fluggesellschaften.

Mit der Bahn: Bei Anreise mit der Eisenbahn nimmt man den Weg über Lyon, das durch die Rhônetalstrecke mit Orange, Avignon, Tarascon, Arles und Marseille verbunden ist. Von dieser Hauptstrecke führen aber fast keine Nebenstrecken in die einzelnen Teile der Provence; für die Weiterfahrt ist man meist auf die Autobusse angewiesen.

Detaillierte Auskünfte über Touristenbilletts, Familienermäßigungen, Seniorenermäßigung und die Netzkarte «France Vacances» oder «Billet de séjour» sowie Broschüren über weitere Sonderangebote erhält man direkt bei der Deutschen Bundesbahn oder den entsprechenden Reisebüros.

Mit dem Europabus: Von der Bundesrepublik Deutschland und Österreich verkehren regelmäßig Europabusse nach Frankreich. Auskunft: Deutsche Touring-Gesellschaft, Am Römerhof 17, D-6000 Frankfurt/M. 90.

Mit dem Auto: Für den Autofahrer ist es am einfachsten und bequemsten, die bis Avignon oder Marseille gehenden Autoreisezüge zu benutzen. Die beste Straßenverbindung ist ab Basel die Autobahn A35/A36 über Mulhouse, Belfort und Besançon bis in die Nähe von Beaune (streckenweise sind noch die annähernd parallel laufenden Nationalstraßen zu benutzen), sodann die Autobahn A6 (Autoroute du Soleil), die über Lyon, Valence, Orange und vorbei an Avignon nach Marseille führt.

Autofahrer benötigen den nationalen Führerschein, den nationalen Kraftfahrzeugschein und das entsprechende Nationalitätszeichen «D», «A» oder «CH» an der Rückseite des Wagens.

Die Mitnahme der Grünen Versicherungskarte ist für Autofahrer aus der Bundesrepublik Deutschland nicht zwingend vorgeschrieben.

Detaillierte Auskünfte vor allem über abweichende Verkehrsvorschriften erteilen die Automobilclubs (ADAC-Notruf: 24-Stunden-Service von Juni bis September in Avignon 1690/86 16 09).

ADAC: D-8000 München 70, Baumgartnerstraße 53.
ÖAMTC: A-1010 Wien, Schubertring 1–3.
ACS: CH-3001 Bern, Wasserwerkgasse 39.

Reisen in Frankreich

Mit der Bahn: Alle TEE- und Eilzüge sind zuschlagspflichtig. Platzkarten für Hin- und Rückfahrt erhält man bereits 2 Monate im voraus (auch ohne Fahrkarte).

Auto am Bahnhof: «Train + Auto» heißt ein kombinierter Dienst der SNCF. Der Reisende hat die Möglichkeit, in 137 französischen Städten das Selbstfahrer-Mietauto vorzubestellen. Auskünfte erteilen die Generalvertretungen der Französischen Eisenbahn.

Bundesrepublik Deutschland: D-6000 Frankfurt/M., Rüsterstraße 11.
Österreich: A-1010 Wien 1, Am Opernring 1.
Schweiz: CH-3000 Bern, Effingerstraße 31.

Mit dem Bus: Autobuslinien von der Französischen Staatsbahn (SNCF) und zahlreiche Privatunternehmen betreiben Überland-Buslinien. Auskünfte erteilt das örtliche Syndicat d'Initiative bzw. Office de Tourisme.

Mit dem Auto: Automobilclubs: Der Touring Club de France (TCF), 65, avenue de la Grande Armée, F-75 782 Paris Cedex 16, Tel. 502 14 00 hat in 32 französischen Städten Geschäftsstellen. Dem Automobil Club de France (ACF), 6, place de la Concorde, F-75 008 Paris, sind Clubs in 50 Städten angeschlossen.

Praktische Hinweise

Ärztliche Versorgung

Zwischen der Bundesrepublik Deutschland, Österreich (nicht Schweiz) und Frankreich besteht ein Abkommen über soziale Sicherheit, das dem Reisenden kostenlose ärztliche Behandlung, Medikamente und Krankenhauspflege zusichert. Nähere Auskünfte erteilen die Krankenkassen.

Auskunftsstellen

Auskünfte und Prospekte über die Provence erhält man bei den französischen Verkehrsbüros in:
Bundesrepublik Deutschland: D-6000 Frankfurt/M., Kaiserstraße 12 (Tel. 0611/75 20 29). D-4000 Düsseldorf, Berliner Allee 26 (Tel. 0211/ 32 30 64).
Österreich: A-1030 Wien, Landstraßer Hauptstraße 2 (Tel. 0222-52 44 01).
Schweiz: CH-8022 Zürich, Bahnhofstraße 16 (Tel. 01-2 11 30 85).

Fast jeder Ort von einiger touristischer Bedeutung besitzt einen Verkehrsverein «Syndicat d'Initiative» oder ein Verkehrsamt «Office de Tourisme».

Bedienungs- und Trinkgelder

Sofern auf Hotel- und Restaurantrechnung nicht «service compris» (Bedienung eingeschlossen) vermerkt ist, wird ein Trinkgeld von 15% erwartet. In Frankreich bekommen die Platzanweiserinnen in den Kinos und Theatern auch ein Trinkgeld.

Devisen

Landeswährung darf bei der Einreise in unbegrenzter Höhe, bei der Ausreise bis zum Gesamtbetrag von 5000 FF mitgeführt werden.
Fremdwährung: Für Zahlungsmittel wie Reiseschecks, Kreditbriefe und ähnliches besteht weder eine Begrenzung noch eine Deklarationspflicht. Die Deutsche Bundespost hat mit Frankreich einen Postreisescheckdienst aufgenommen. Der Höchstbetrag für ein Reisescheckheft ist 4000 FF. Einzelschecks zu 50, 100, 200 oder 400 FF können bei jedem französischen Postamt eingelöst werden.
Währungseinheit: Die Währungseinheit ist der französische Franc (FF), der in 100 Centimes (c) zerfällt. Im Umlauf sind Münzen zu 20, 5, 1 FF und 50, 20, 10, 5, 2 und 1 c. An Banknoten gibt es 500, 100, 50, 20 und 10 FF.

Diplomatische Vertretungen

Bundesrepublik Deutschland: Generalkonsulat: 338, avenue du Prado, F-13 295 Marseille Cedex 2; Tel. (00 33 91) 77 60 90, 77 08 98.
Österreich: Konsulat: 111, rue Sainte-Cécile, F-13 005 Marseille; Tel. (00 33 91) 79 91 21.
Schweiz: Generalkonsulat: 7, rue d'Arcole, F-13 291 Marseille Cedex 2; Tel. (00 33 91) 53 36 65.

Grenzpapiere

Reisende aus EG-Staaten können ohne Rücksicht auf Dauer und Zweck des Aufenthalts mit einem gültigen Reisepaß oder Personalausweis ohne Visum nach Frankreich reisen. Für Schweizer und Österreicher ist ein Aufenthalt als Tourist auf drei Monate befristet.

Kinder unter 16 Jahren müssen einen Kinderausweis besitzen oder im Elternpaß eingetragen sein.

Öffnungszeiten

Banken: Keine einheitlichen Öffnungszeiten. Manche Banken haben Samstag geöffnet und Montag geschlossen oder umgekehrt.
Geschäfte: In Frankreich gibt es kein Ladenschlußgesetz. Meistens sind die Geschäfte bis 19 Uhr geöffnet. Es liegt am Besitzer, wie lange er seinen Laden öffnet. Supermärkte haben fast immer bis 22 Uhr geöffnet. Lebensmittelgeschäfte (Bäckerei, Fleischer, Gemüsehändler etc.) sind sehr oft auch am Sonntagvormittag geöffnet.
Behörden: Mo bis Fr 9–12 und 14–17 Uhr.
Postämter: Die Postämter und Hilfsstellen «PTT» oder «P et T» sind Mo bis Fr 9–19 Uhr (auf dem Lande Mo bis Fr 8–12 und 14–18.30 Uhr) sowie samstags bis 16 Uhr geöffnet.
Museen: Im allgemeinen dienstags geschlossen. Exakte Auskünfte erteilt das «Syndicat d'Initiative» bzw. «Office de Tourisme» des jeweiligen Ortes (s. auch unter «Auskunftsstellen» in diesem Kapitel).

Unterkunft

Hotels: Dem Fremdenverkehr stehen in Frankreich rund eine Million Zimmer mit anderthalb Millionen Betten zur Verfügung. Über 18 000 Hotels unterliegen der Kontrolle des «Ministère de la Jeunesse et du Loisir». Die Klassifizierung besteht aus fünf Kategorien. Ein sechseckiges blaues Schild am Eingang des Hotels informiert über den zu erwartenden Komfort.
****L: Luxushotel ersten Ranges,
****: Luxushotel,
***: sehr komfortables Hotel,
**: Hotel mit gutem Komfort,
*: Hotel mit mittlerem Komfort.

Die meisten Hotels berechnen einen Inklusivpreis («tout compris» oder ähnlicher Vermerk). Nur noch in wenigen Hotels werden Zimmerpreis und Zuschläge (Bedienung 15% und verschiedene Taxen bis zu 10%) getrennt aufgeführt. Empfehlenswert sind auch die «Relais de Tourisme». In diesen kleinen Hotels wird eine exquisite französische Küche geboten. Besonders preiswert sind die Hotels der Vereinigung «Logis de France et Auberges Rurales» (Kennzeichen: Kamin im grünen Wappen). Auskunft: Fédération Nationale des Logis de France; 25, rue Jean Mermoz, F-75 008 Paris. Daneben gibt es überall nicht klassifizierte Hotels (erst das Zimmer zeigen lassen und den Preis erfragen).

Auskünfte und die neuesten Hotelverzeichnisse sind bei den örtlichen Verkehrsvereinen «Syndicat d'Initiative» bzw. «Office de Tourisme» sowie den französischen Verkehrsbüros im Heimatland (Adresse s. unter «Auskunftsstellen») zu erhalten.
Camping – Caravaning: Die ungefähr 4000 Plätze sind in vier Kategorien unterteilt. Neben dem ADAC-Campingführer gibt es ähnlich wie bei den Hotels regionale Verzeichnisse, die über die touristischen Auskunftsstellen zu bekommen sind. Eine Reservierung während der Hauptsaison ist ratsam Über den ADAC kann ein Verzeichnis aller Campingplätze in Frankreich angefordert werden, bei denen Vorbestellungen – vor allem für die Hochsaison – möglich sind.
Jugendherbergen: Es gibt ungefähr 400 Jugendherbergen in Frankreich. Ausländer müssen einen internationalen Jugendherbergsausweis vorlegen. Auskünfte und Jugendherbergs-Verzeichnisse sind bei der Fédération Unie des Auberges de Jeunesse; 6, rue Mesnil, F-75 116 Paris, zu erhalten.

Städtische Zentren

Marseille ist mit gut 1 Million Einwohnern die weitaus größte Stadt der Provence und die zweitgrößte Stadt Frankreichs. Die Stadt liegt, dem Westen zugewandt, an einer Bucht des Golfe du Lion und ist von den hellen Kalkhöhen der Chaîne de l'Estaque, der Chaîne de l'Etoile, der Chaîne de Saint-Cyr und des Massif de Marseilleveyre, die bis über 600 m ansteigen, umgeben. Der Hafen, vielfach Europort du Sud (Europahafen des Südens) genannt, ist der bedeutendste Seehafen Frankreichs; zusammen mit dem Petroleumhafen und den ihm angeschlossenen Raffinerien von Lavéral/Etang de Berre ist der Hafen von Marseille zur Zeit der zweitgrößte Europas. Von dem Hafen geht eine vielfältige Ausstrahlung auf die Stadt aus. Ihm verdankt sie im wesentlichen ihre wirtschaftliche Blüte und die Ansiedlung zahlreicher Industrien. Von ihm geht eine stimulierende Wirkung auf die ohnehin schon recht geschäftige, quicklebendige und ausgelassen-heitere Bevölkerung von Marseille aus. Und schließlich sind

die Umgebung des Alten Hafens (Vieux Port) und die von ihm ausgehende berühmte Straße La Canebière der Mittelpunkt und die große touristische Attraktion der Stadt.

Wesentliche Stationen der Geschichte von Marseille sind, da sie für die Landesgeschichte von entscheidender Bedeutung waren, bereits in dem geschichtlichen Überblick erwähnt worden. Hier sind daher nur noch einige kleine Zusätze zu machen. Das griechische Massalia wurde an der kleinen natürlichen Hafenbucht, die heute vom Vieux Port eingenommen wird, angelegt. Weder die griechische noch die römische Stadt, von denen nur spärliche Reste erhalten geblieben sind, besaßen eine große Ausdehnung, und auch die mittelalterliche Stadt umfaßte nur das Gebiet zwischen der Küste (heute Bassin de la Joliette des Neuen Hafens), dem Boulevard des Dames (im Norden), dem Cours Belsunce (Osten) und dem Nordufer des Hafenbeckens (des Vieux Port). Diese Stadt war im Mittelalter in eine Ober- (unter der Herrschaft des Bischofs) und eine Unterstadt (Stadtrepublik) geteilt. Eine dritte Stadt bildete die südlich des Vieux Port gelegene Vorstadt von Saint-Victor, die den Äbten von Saint-Victor unterstand. Die letzten Spuren dieser Dreiteilung verschwanden in den Tagen der Französischen Revolution. Ende April/Anfang Mai 1792 wurde in Marseille der «Chant de guerre de l'Armée du Rhin» (Kriegsgesang der Rheinarmee) bekannt, dessen Text und Melodie der Pionieroffizier Claude Joseph Rouget de Lisle wenige Tage vorher geschaffen hatte. Eine Gruppe von Freiwilligen, die von Marseille nach Paris marschierte, machte dies Lied überall, besonders aber in Paris, bekannt, so daß es bald den Namen «Marseillaise» erhielt. 1879 wurde das Lied endgültig französische Nationalhymne. In neuerer Zeit waren zwei Ereignisse für die Entwicklung von Marseille von großer Bedeutung: die Eroberung Algeriens durch Frankreich (1830; Ende des Seeräubertums im Mittelmeer) und die Eröffnung des Suezkanals (1869; Marseille wird einer der wichtigsten Häfen am neuen Schiffahrtsweg nach Indien und dem Fernen Osten).

Vieux Port [1]. Der alte Hafen, der im Laufe des 19. Jh. nach und nach durch den Port Moderne ersetzt wurde, ist heute nur noch Jacht- und Fischerhafen. Außerdem fahren vom Quai des Belges (Ostufer) die Ausflugsschiffe zum Modernen Hafen, zum Château d'If und zu den Calanques (buchtenreiche Küste südlich von Marseille bis hin nach La Ciotat) ab. Am Vieux Port liegen zahlreiche Restaurants, darunter das ganz ausgezeichnete New York Vieux-Port (7, quai des Belges; sonntags geschlossen), zu dessen Spezialitäten Fischgerichte, darunter die Bouillabaisse, und typisch provenzalische Gerichte gehören. Zur See hin war der Hafen durch zwei heute noch erhaltene Forts geschützt. Fort Saint-Jean (Nordufer) und Fort Saint-Nicolas (Südufer). Der Aussicht wegen lohnt es sich, zu einem der Forts hinaufzusteigen. Gut 200 m nordwestlich des Forts Saint-Nicolas liegen auf einem Vorgebirge über der Hafeneinfahrt Schloß und Park du Pharo (ebenfalls der Aussicht wegen besuchenswert). Am Nordufer des Vieux Port (Quai du Port) befand sich früher ein Viertel, das dem alten Hamburger Gängeviertel vergleichbar war. Es wurde 1943 zum größten Teil von deutschen Truppen zerstört.

Hôtel de Ville (Rathaus) [2]. Das in der zweiten Hälfte des 17. Jh. errichtete hübsche Gebäude, das heute für die Verwaltung viel zu klein ist, steht als eine freundliche Erinnerung an die Vergangenheit zwischen den häßlichen Betonbauten, die nach dem Zweiten Weltkrieg an die Stelle der teils pittoresken Häuser des alten Hafenviertels getreten sind.

Musée du Vieux Marseille (Museum des alten Marseille) [3]. Das Museum ist in der sogenannten Maison Diamantée (16. Jh.) untergebracht, einem Haus, das seinen Namen von den Diamantquadern (der bossierte Teil ähnelt geschliffenen Diamanten) hat. In dem Museum befinden sich vorwiegend Sammlungen, die sich auf die Marseiller Schiffahrt beziehen, ferner eine Sammlung provenzalischer Möbel aus dem 18. Jh. und eine Sammlung alter provenzalischer Weihnachtskrippen. Das an der Place Vivaux gelegene Museum ist außer mittwochvormittags und dienstags täglich von 10–12 und 14–18.30 Uhr geöffnet.

Musée des Docks Romains (Museum der römischen Docks) [4]. Das Museum (an der Place Vivaux; Öffnungszeiten wie das vorgenannte Museum) steht an der Stelle des griechisch-römischen Hafenquais und besteht zu einem wesentlichen Teil aus den Ruinen der Docks und eines Lagerhauses aus römischer Zeit, auf die man 1943 gestoßen ist. Mächtige Krüge, die als Vorratsgefäße gedient haben, hat man an Ort und Stelle belassen. Ausgestellt sind Funde, die man im Bereich der antiken Stadt und in antiken Wracks vor der Marseiller Küste gefunden hat. Sogar das Wrack eines römischen Schiffes ist zu sehen. Beachtung verdient auch das Modell des griechischen Massalia, wenn es auch fraglich ist, ob die Stadt tatsächlich so ausgesehen hat.

Basilique Saint-Victor [5]. Die nahe dem Südufer des Vieux Port gelegene und einer Festung ähnelnde ehemalige Abteikirche Saint-Victor ist im wesentlichen ein Bau des 13. Jahrhunderts, in dem aber Teile der romanischen Kirche des 11. Jahrhunderts und unter dem Teile frühchristlicher Bauten und Anlagen (5. Jh.; Basilika Notre-Dame-de-Confession; Katakomben) erhalten sind. Einen Besuch verdienen vor allem die Basilika aus dem 5. Jahrhundert, die mit Katakomben und Grotten (Begräbnisstätten) und Kapellen eine große Unterkirche bildet, und das kleine Kryptenmuseum. Saint-Victor kann täglich – die Sonntagvormittage ausgenommen – von 10 bis 12 und von 15 bis 18 Uhr besichtigt werden.

Notre-Dame-de-la-Garde [6] erhebt sich auf einem 162 m hohen Kalkfelsen (Fahrweg, Fußweg, Aufzug). Die Kirche, das Wahrzeichen von Marseille, wurde Mitte des 19. Jh. in romanisch-byzantinischem Stil an der Stelle einer alten Wallfahrtskapelle der Schiffer erbaut und ist selbst wieder Wallfahrtsheiligtum (zahlreiche Exvotos, vor allem von Seeleuten). Die Kirche, die von einer fast 10 m hohen vergoldeten Marienstatue gekrönt wird, ist jeweils am 15. August Ziel von Wallfahrern aus vielen Teilen der Provence. Der Besuch der Kirche lohnt sich im übrigen nur wegen der hervorragenden Aussicht (man denke daran, daß der Wind auf der Höhe oft sehr kühl ist; der Autofahrer beachte, daß die Auffahrt Steigungen bis zu 15 Prozent aufweist).

Musée Cantini [7]. Das Museum (19, rue Grignan; geöffnet wie die schon genannten Museen) befindet sich in einem ansehnlichen Haus aus dem 17. Jh. Es besitzt ausgezeichnete Sammlungen von provenzalischen Fayencen (18. Jh. bis heute). Noch sehenswerter sind vielfach die wechselnden Ausstellungen, die im ersten Stockwerk stattfinden.

Vom Quai du Port (Nordufer des Vieux Port) geht man in nordwestlicher Richtung zur Rue Saint-Laurent, an der die romanische Kirche Saint-Laurent mit der Fischerkapelle Notre-Dame-Étoile-de-la-Mer (Unsere Liebe Frau – Stern des Meeres) steht (an jedem ersten Sonntag im Monat findet dort die traditionelle Fischermesse statt). Von dort erreicht man über die Esplanade de la Tourette die neben der kaum beachtenswerten Nouvelle Cathédrale (19. Jh.) stehende

Ancienne Cathédrale La Major [8]. Die Alte Kathedrale wurde im 12. Jahrhundert erbaut, im 15. und 17. Jahrhundert durch Kapellen erweitert, im 19. Jahrhundert wegen der Errichtung der Neuen Kathedrale zum Teil abgebrochen und dient heute nicht mehr dem Gottesdienst. Zur Innenausstattung gehören einige beachtenswerte Kunstwerke, vor allem der Altar Saint-Lazare (15. Jh.) der gleichnamigen Kapelle (nördliches Seitenschiff). Führungen außer freitags von 9 bis 11.30 und 14.30 bis 17 Uhr.

La Vieille Charité [9]. Das ehemalige Krankenhaus wurde im 17. Jh. erbaut. Es handelt sich um eine mächtige quadratische Anlage mit dreistöckigen Arkadenbauten. In der Mitte der Anlage steht eine antikisierende Kapelle mit einer ellipsenförmigen Kuppel. Das stark in Verfall geratene alte Hospital gehört nicht zu den Sehenswürdigkeiten, die von Touristen aufgesucht werden (es hätte beinahe einem Parkhaus weichen müssen), wird aber nun teilweise für Ausstellungen instand gesetzt und wird im übrigen künstlerischen Zwecken zur Verfügung gestellt.

Arc de Triomphe [10]. Der Triumphbogen – er wird auch Porte d'Aix genannt – wurde 1825 bis 1833 zur Erinnerung an die Kriege der Französischen Revolution und des Ersten Kaiserreiches errichtet. Die Skulpturen stammen von David d'Angers (1788–1856).

La Canebière. Diese sich vom Vieux Port nach Nordosten hinziehende und rund 1 km lange Straße, die zum mindesten in den Hafenstädten der Erde als die bekannteste Straße Frankreichs gilt, stellt keine echte touristische Sehenswürdigkeit dar. Sie ist in ihrem westlichen Teil, gesäumt von Luxusgeschäften und Terrassencafés, eine Straße voll von brodelndem Leben und erheblichem Lärm. Der östliche und weniger mondäne Teil der Straße ist im Winter einen Besuch wert, wenn dort vom 1. Dezember bis zum Dreikönigstag der Markt der Santons stattfindet. Bei diesen Santons handelt es sich um kleine Tonfiguren, die alle Personen und Tiere, die zur Weihnachtskrippe gehören, ferner Vertreter aller Berufe und vor allem die traditionellen provenzalischen Typen darstellen.

Musée de la Marine [11]. Gleich am Anfang der Canebière befindet sich das Office de Tourisme. Ihm schräg gegenüber steht das Palais de la Bourse, in dessen Erdgeschoß das Musée de la Marine eingerichtet ist (geöffnet von 10–12 und 14.30–19, vom 1. November bis 30. April von 14–18.30 Uhr, dienstags geschlossen). Die Sammlungen beziehen sich auf den Hafen und die Schiffahrt von Marseille, und zwar speziell auf die Zeit vom 17. Jahrhundert bis zur Gegenwart. Vor allem zahlreiche Schiffsmodelle vermitteln ein eindrucksvolles Bild von der Entwicklung der Marseiller Schiffahrt. Unweit nördlich des Museums sind an der Rue Barbusse Reste der Befestigungen und Hafenkais des antiken Massalia freigelegt.

Musée Grobet-Labadié [12]. Das 140, Boulevard Longchamp gelegene Museum, Stiftung des Malers und Musikers Louis Grobet, der ein leidenschaftlicher Sammler war, besitzt neben Gemälden vorzügliche Sammlungen von Waffen, Musikinstrumenten, Wandteppichen, Skulpturen, Möbeln und Keramiken. Die Öffnungszeiten entsprechen denen der bisher genannten Museen.

Palais Longchamp [13]. Das Mitte des 19. Jh. erbaute Palais besteht aus zwei Flügeln, die durch eine im Halbkreis angelegte Kolonnade miteinander verbunden sind. Die Mitte der Kolonnade bildet ein Brunnenhaus mit Wasserspielen. Im linken Flügel des Palais (Eingang unter der linken Kolonnade) befindet sich das Musée des Beaux-Arts. Das Treppenhaus ist mit zwei Wandmalereien von Puvis de Chavanne (1824–1898), die sich auf Geschichte und Bedeutung von Marseille beziehen, geschmückt. Die Räume des Erdgeschosses sind provenzalischen Malern vorbehalten. Dort befinden sich auch die Säle mit den Werken des aus Marseille stammenden Barockbildhauers Pierre Puget (1622–1694), der sich auch als Maler, Architekt und Ingenieur betätigte. Die Gemäldesammlungen im ersten Stockwerk beziehen sich auf die französische und ausländische Malerei des 14.–20. Jh. Es sind dort Werke von bedeutenden Künstlern wie Perugino, Rubens, Fragonard, Millet und Corot zu sehen. Einen breiten Raum nehmen Arbeiten des aus Marseille stammenden Graphikers, Malers und Bildhauers Honoré Daumier (1808–1879) ein. Zu den dort ausgestellten Bronzearbeiten des Künstlers gehört der berühmte Ratapoil («Hurrapatriot»), Ausdruck seiner antibourgeoisen Grundhaltung. Eine einzigartige Einrichtung des Museums ist das Musée des enfants (Kindermuseum). Dort werden – in Augenhöhe der Kinder – nach Stilen, Techniken usw. geordnete Kunstwerke gezeigt, die den Kindern ein mehr oder weniger spielerisches Bekanntwerden mit der Kunst ermöglichen sollen. Das ebenfalls im Palais Longchamp untergebrachte Musée d'Histoire naturelle (Öffnungszeiten wie die der übrigen Museen), das in erster Linie zoologische Sammlungen enthält, gehört zu dem an das Palais sich anschließenden Zoologischen Garten, der im Sommer von 8.30–19, im Winter von 9–17 Uhr geöffnet ist.

Musée d'Archéologie Borély. Das Archäologische Museum ist in Schloß und Park Borély untergebracht, die im Süden der Stadt (außerhalb des Stadtplans, Seite 76) gelegen und vom Zentrum (Vieux Port) aus entweder über die Rue de Romel/Avenue du Prado oder über die Seepromenade Corniche Président J. F. Kennedy zu erreichen sind. Das Schloß ließ sich in der zweiten Hälfte des 18. Jh. der reiche Reeder Louis Borély erbauen. Die Einrichtung vieler Räume stammt noch aus jener Zeit. Das Archäologische Museum gliedert sich in zwei Abteilungen: in der Abteilung für mittelmeerische Archäologie befinden sich ägyptische, etruskische, griechische und römische Funde; das in einem Nebengebäude und in einem Garten untergebrachte Musée lapidaire ist vor allem der provenzalischen Archäologie vorbehalten (dort befinden sich auch die Funde aus griechisch-römischer Zeit, die kürzlich in der Gegend der Börse in Marseille gemacht worden sind). Nicht weit von Schloß und Park Borély entfernt ist der Boulevard Michelet, an dem die Unité d'habitation, auch Cité Radieuse genannt, von Le Corbusier steht (1947–1952).

Château d'If. Der Küste von Marseille sind einige Inseln vorgelagert, von denen drei eine Gruppe bilden. Von diesen drei Inseln sind Ratonneau und Pomègues die weitaus größten, am bekanntesten und berühmtesten aber ist die kleine Insel If mit dem Château d'If, zu der im Sommer von 8 bis 18 und im Winter von 10 bis 15 Uhr ununterbrochen Boote vom Quai des Belges aus hinüberfahren. Da man während der Überfahrt meist ziemlich kräftigen Winden und Wasserspritzern ausgesetzt ist, sollte man sich entsprechend kleiden. Der Besuch der Insel lohnt sich wegen der prächtigen Aussicht. Jeder begeisterte Leser des Romans «Der Graf von Monte-Christo» von Alexandre Dumas (Vater) wird außerdem die Gefängnisse des Schlosses mit Interesse besuchen: der Graf von Monte Christo und der Abbé Faria wurden nämlich dort festgehalten. Historisch ist, daß zahlreiche politische Gefangene in den Kerkern des Château d'If inhaftiert waren. Zu diesen Gefangenen soll wenigstens zeitweilig ein Mann gehört haben, der als «Mann mit der eisernen Maske» den Forschern viele Rätsel aufgegeben hat und noch heute aufgibt. Der Mann, der stets eine schwarze Samtmaske (keine eiserne Maske, wie später behauptet wurde) tragen mußte, soll 1703 in der Bastille (Paris) gestorben sein.

Praktische Hinweise

Flugverbindungen: Ajaccio, Bastia, Bordeaux, Lyon, Nizza, Paris, Toulouse; marokkanische, algerische und tunesische Flughäfen.

Schiffsverbindungen: Korsika, Mallorca; zahlreiche weitere Mittelmeer- und Überseeverbindungen.

Eisenbahnverbindungen: An den Strecken Paris–Ventimiglia, Toulouse–Ventimiglia, Marseille–Grenoble–Lyon und an einigen Nebenstrecken.

Autobusverbindungen: Aix-en-Provence, Arles, Avignon, Cannes, Nizza, Nîmes und andere.

Information: Office de Tourisme, 4 La Canebière, F-13 001.
Hotels: **** L «Sofitel Vieux Port» (Luxus), Bd Charles-Livon; «L'Arbois», Bd Charles-Nédelec; «Concorde-Prado», 11 avenue de Mazargues.
** «Résidence Bompard», 2 rue des Flots-Bleus; «Résidence du Vieux Port», 18 quai du Port; «Bristol», 18 La Canebière; «Castellane», 31 rue du Rouet; «Petit Louvre», 19 La Canebière; «Rome et Saint-Pierre», 7 cours Saint-Louis.
* «Breton», 52 rue Mazenod; «Le Corbusier», 280 bd Michelet; «Deux Mondes», 46 cours Belsunce; «Grand Hôtel Californie», 54–62 cours Belsunce; «Méditerranée», 15 quai des Belges; «Sainte-Anne», 23 rue Breteuil.
Jugendherbergen: Impasse du Dr.-Bonfils, Bonneveine, ganzjährig, und «Château de Bois-Luzy», Avenue de Bois-Luzy (geöffnet vom 1. Mai bis 30. September).
Camping: «Camping Municipal de Bonneveine», Avenue du Prado-Parc Borély.
Restaurants: «New York Vieux-Port», 7 quai des Belges; «Jambon de Parme», 67 rue La Palud; «Calypso», 3 rue des Catalans; «Au Pescadou», 19 place Castellane (Fischspezialitäten).

Aix-en-Provence (gut 115 000 Einw.), das in einer weiten Talmulde (durchschnittliche Höhe 177 m) gelegen ist, wird vielfach als die nach Paris schönste Stadt Frankreichs bezeichnet. Aber fast alles, was sich zum Ruhm dieser Stadt sagen läßt, bezieht sich auf die verhältnismäßig kleine Altstadt, und von ihrem Ruhm (und dem der Umgebung der Stadt) profitieren die neueren und neuesten Stadtteile, die im Grunde nichts oder fast nichts Rühmenswertes aufzuweisen haben. Aix-en-Provence übt seine Anziehungskraft aus als Thermalbad, als Stadt bedeutender Bau- und Kunstdenkmäler, als kulturelles Zentrum der Provence, als Ausgangspunkt für einige der schönsten Ausflüge in die Provence – und schließlich ganz einfach deshalb, weil es mit seinen vielen alten, vornehmen Häusern, seinen plätschernden Brunnen, seinen Platanenalleen und seiner malerischen Altstadt schön ist.

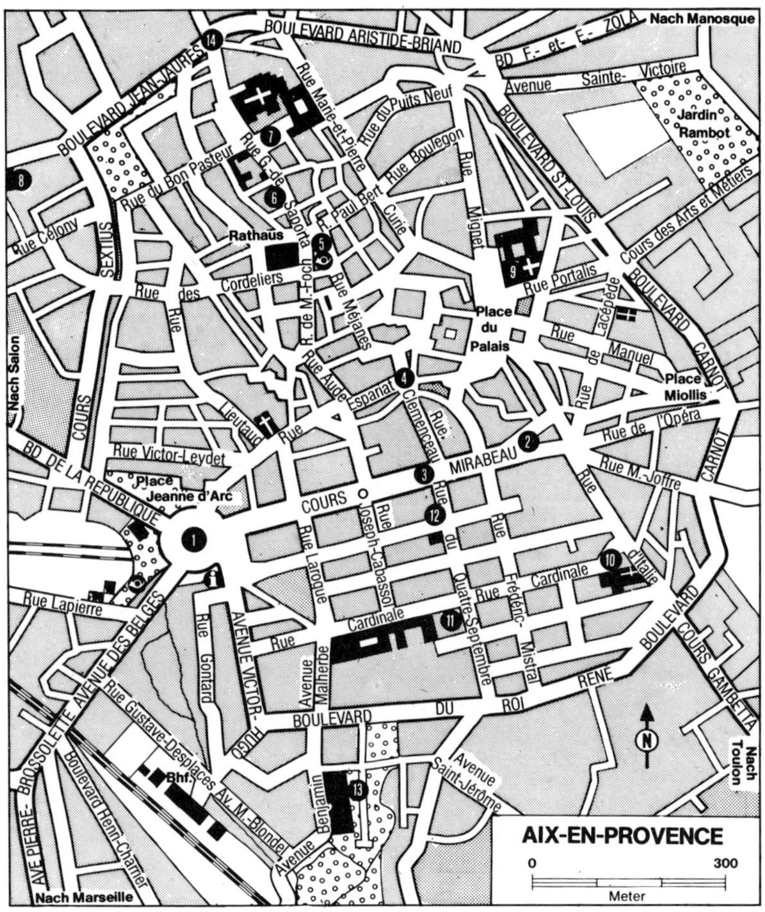

Nachdem die Römer unter der Führung von Sextius Calvinus 123 v. Chr. die nördlich des heutigen Aix-en-Provence gelegene Hauptstadt der keltoligurischen Salyer zerstört hatten, legten sie im Tal des Arc ein Militärlager an, das nach ihrem Führer und nach den benachbarten Thermalquellen Aquae Sextiae (Sextius-Bad) genannt wurde. In der Nähe dieses sich zur Stadt entwickelnden Lagers brachte Marius 102 v. Chr. die nach Süden drängenden Teutonen zum Stehen und schlug sie vernichtend in der östlich der Stadt sich hinziehenden Hügellandschaft. Die Hügel erhielten später den Namen Montagne Sainte-Victoire. Aquae Sextiae wurde die Hauptstadt der römischen Provence. Nach dem Zusammenbruch des Römischen Reiches wurde die Stadt mehrmals von Germanen und 731 sogar von den Arabern erobert und geplündert. Spätestens im 10. Jh. entstand eine Grafschaft Provence; ihre Hauptstadt wurde Aix-en-Provence, das dann unter den Grafen aus den Häusern Barcelona und Anjou eine beachtliche Blütezeit erlebte, die – mit kleinen Schwankungen – bis in die Tage des Königs René I. andauerte. 1409 erhielt die Stadt eine Universität, 1486 wurde sie Sitz des königlichen Gouverneurs und 1501 des provenzalischen Parlaments. Im 17. Jh. begann eine große Bautätigkeit, die auch fast das ganze 18. Jh. hindurch anhielt. In diesen beiden Jahrhunderten wurde die heutige Altstadt zu dem Kleinod, als das sie die meisten Besucher empfinden. Das 19. Jh. brachte das große Aufblühen von Marseille, das sich für Aix-en-Provence in jeder Hinsicht zum Nachteil auswirkte. Der Sitz fast aller hohen Behörden wurde nach Marseille verlegt. Die Universität blieb nur als Rumpfuniversität bestehen (juristische und philosophische Fakultät), die jedoch in neuester Zeit wieder ausgebaut worden ist (bekannt geworden ist das für ausländische Studenten geschaffene Institut d'études françaises). In wirtschaftlicher Hinsicht gewinnt der Tourismus eine immer größere Bedeutung.

Cours Mirabeau. Diese prächtige Allee, die fast ganz von Platanenkronen überdacht ist, beginnt an der Place Général-de-Gaulle [1], auf der ein etwas zu monumental ausgefallener Brunnen (1860) steht, verläuft dann auf der Grenze zwischen der Altstadt (im Norden) und dem ältesten Teil der Neustadt (im Süden) und endet an der Place de Forbin, die mit dem kleinen König-René-Brunnen (19. Jh.) [2] geschmückt ist. Der Cours Mirabeau wird von Adels- und Patrizierhäusern (17. und 18. Jh.) gesäumt, deren Fassaden vielfach schöne schmiedeeiserne Arbeiten und gute Skulpturen, besonders Karyatiden und Atlanten (zum Beispiel am Hôtel d'Espagnet; «Hôtel» bedeutet hier «vornehmes Wohnhaus»), aufweisen. Sehr häufig sind diese Fassaden allerdings durch eingebaute Geschäfte (darunter sehr viele Buchhandlungen), Restaurants, Brasserien, Cafés und Bistros verunstaltet worden. Wo den Cours Mirabeau die Straßen Clemenceau und Quatre Septembre kreuzen, steht ein Brunnen [3], aus dem 34 °C warmes Thermalwasser sprudelt. Der Cours Mirabeau ist benannt nach Honoré Gabriel Riqueti, Marquis de Mirabeau, der 1772 Émilie de Marignane, eine reiche Aristokratin aus Aix-en-Provence, heiratete und in den Jahren 1789 bis 1791 als gewählter Vertreter des Dritten Standes der Provence eine bedeutende Rolle in der verfassunggebenden Versammlung in Paris spielte.
Altstadt. Man kann vom Cours Mirabeau aus auf mehreren Wegen durch die Altstadt bummeln. Am besten ist es jedoch, wenn man an dem mit Thermalwasser gespeisten Brunnen in die Rue Clemenceau einbiegt und dann von der Place Saint-Honoré [4] aus zunächst der Rue Espariat (im Haus 6 das Musée d'Histoire Naturelle, in dem Dinosauriereier zu sehen sind; 10–12 und 14–18 Uhr; sonntagvormittags geschlossen) und dann der Rue Aude und der Rue du Maréchal-Foch folgt. Man kommt zur Place de l'Hôtel de Ville [5]. Dort stehen die ehemalige Halle aux Grains (Stadtkornhaus; heute Post), die der Bildhauer Chastel im 18. Jahrhundert mit Skulpturen schmückte, das Rathaus (17. Jh.) und die Tour de l'Horloge (16. Jh.). Im Rathaus ist die Bibliothèque Méjanes untergebracht, in der von Ostern bis Allerheiligen wertvolle alte Handschriften und Wiegendrucke ausgestellt werden (wegen der Besichtigungszeiten erkundigt man sich in der Pförtnerloge des Rathauses). Vom Rathausplatz aus setzt man

den Weg durch die Rue Gaston-de-Saporta fort. Im Haus Nr. 17 dieser Straße befindet sich das Musée du Vieil-Aix [6], das Museum von Alt-Aix, dessen Sammlungen sich vor allem mit der Geschichte der Stadt und ihrer Umgebung befassen (geöffnet 10–12 und 14–18, im Winter bis 17 Uhr; montags geschlossen). Die Rue Gaston-de-Saporta endet an der Place des Martyrs-de-la-Résistance [7], an die sich nach Norden die Place de l'Université anschließt. An diesen beiden Plätzen liegen einige der bedeutendsten Sehenswürdigkeiten der Stadt.

Musée des Tapisseries (geöffnet außer dienstags 10–12 und 15–18 Uhr, vom 15. Oktober bis 15. Juni nachmittags aber nur von 14–17 Uhr). Das Museum, in dem Gobelins aus dem 17. und 18. Jh., aber auch Gemälde und alte Möbel zu sehen sind, ist im ersten Stockwerk des ehemaligen erzbischöflichen Palais (vorwiegend 17. Jh.) untergebracht. Im Innenhof, von dem aus man zum Museum hinaufgeht, finden im Juli im Rahmen der Internationalen Musikwochen Veranstaltungen statt.

Cathédrale Saint-Sauveur. Steht man vor der Westfassade der Kirche, so sieht man (von rechts nach links) ein Stück einer römischen Mauer, daneben ein romanisches Portal (12. Jh.: antike Anklänge), dann die spätgotische Fassade (Ende 15./Anfang 16. Jh.). Diese Bauteile deuten an, daß die Kathedrale sich aus Bauten verschiedener Epochen zusammensetzt. Es gibt ein frühchristliches Baptisterium (um 400), die romanische Pfarrkirche Corpus Domini (12. Jh.), die zum rechten Seitenschiff der Kathedrale geworden ist, einen romanischen Kreuzgang (12. Jh.) und die gotische Kathedrale (die Kathedrale im engeren Sinne) mit Kapellenanbauten (14.–16. Jh.). Bereits der Renaissance zuzurechnen sind die von Jean Guiramand hauptsächlich in den Jahren 1508 bis 1510 geschnitzten Türflügel des Westportals (man lasse notfalls die Schutzverkleidung dieser hervorragenden Schnitzereien vom Küster öffnen!). Die wesentlichen Sehenswürdigkeiten im Innern der Kathedrale sind: der von Nicolas Froment (2. Hälfte des 15. Jh.) geschaffene Flügelaltar (vom Küster öffnen lassen!) Le Buisson ardent (Maria im brennenden Dornbusch) mit Darstellungen des Königs René I. und seiner zweiten Frau Jeanne; die ursprünglich für die Kathedrale von Canterbury bestimmten flämischen Wandteppiche (Anfang 16. Jh.), die im Chor und im rechten Seitenschiff hängen (leider nur zeitweilig) und das Marienleben und die Passion schildern; das für Taufen durch Untertauchen bestimmte Taufbecken in der Taufkapelle. Beachtenswert ist ferner der hübsche Kreuzgang an der Südseite der Kathedrale, dessen Rundbögen von zierlichen Säulenpaaren (reizvolle Kapitelle) getragen werden.

Pavillon Vendôme [8]. Geht man von der Place de l'Université aus die Rue de Bon Pasteur nach Südwesten, so kommt man zur Rue Célony, an der in einem weiten Park der Pavillon Vendôme steht, ein herrschaftliches, mit provenzalischen Möbeln und Kunstwerken ausgestattetes Landhaus, das 1665 bis 1669 für den aus der Linie Vendôme des Hauses Bourbon stammenden Gouverneur der Provence erbaut wurde (geöffnet täglich von 10 bis 12 und 14–18, im Winter 14–17 Uhr; dienstags geschlossen). Zwischen der Rue du Bon Pasteur, dem Cours Sextius und dem Boulevard Jean-Jaurès liegt (Zugang Cours Sextius) das Etablissement thermale, das Kurhaus, mit seinem großen Park. Am Parkrand kann man mit der Tour de Toureluco (14. Jh.) einen Rest der mittelalterlichen Stadtbefestigung besichtigen.

Sainte-Marie-Madeleine [9]. Man geht bis zum Rathausplatz zurück und folgt dann den Straßen Paul-Bert, Matheron und Montigny zur Place des Prêcheurs. An der Ostseite dieses Platzes steht die 1691 bis 1703 (Fassade von 1860) erbaute Kirche Sainte-Marie-Madeleine, deren zahlreiche Kapellen reich mit Gemälden ausgestattet sind. Im linken Seitenschiff befindet sich nahe dem Altar Notre-Dame-de-Grâce das im 15. Jh. geschaffene berühmte Verkündigungs-Triptychon (Meister unbekannt). Die Seitenteile (in der Sakristei) sind Kopien der sich heute in Belgien und in den Niederlanden befindenden Originale. In der vierten rechten Seitenkapelle steht eine sehr schöne Marmorstatue (18. Jh.) Marias, ein Werk von Chastel. Die Kirche ist werktags von 11.45 bis 16.30 und sonntagnachmittags geschlossen. An die Place des Prêcheurs schließt sich nach Süden die Place du Palais an (an der Westseite das 1831 erbaute Palais de Justice), von der die Rue Thiers zu der schon bekannten Place de Forbin führt. Das Haus Nr. 2, Hôtel de Roquesante (Hôtel im Sinne von Stadtpalais), dieser Straße, das zu Beginn des 17. Jh. erbaut wurde, dürfte eines der ältesten der Stadt sein.

Saint-Jean-de-Malte [10]. Von der Place de Forbin aus kommt man durch die Rue d'Italie zu dieser ehemaligen Kirche der Malteserritter. Die Kirche wurde im 13. Jh. erbaut, der schöne Glockenturm jedoch entstand erst im 14. Jh. Rechts von der Kirche steht die einstige Priorei (17. Jh.) des Malteserordens. In ihr befindet sich heute das

Musée Granet (auch Musée des Beaux-Arts et d'Archéologie genannt). Dieses sehr bedeutende Museum (geöffnet außer dienstags 10–12 und 14–18, außerhalb der Saison aber nur bis 17 Uhr) besteht aus einer guten Gemäldegalerie und einer archäologischen Abteilung. Zu den wertvollsten Stücken der archäologischen Abteilung (ab 1982 ist die Abteilung wohl wieder geöffnet) gehören die keltoligurischen Skulpturen, die auf dem Ausgrabungsgelände von Entremont gefunden worden sind. Das rund 5 km nördlich von Aix-en-Provence gelegene Plateau von Entremont hat die 123 v. Chr. zerstörte Stadt der Salyer getragen (ein Besuch des Ausgrabungsgeländes ist nur bei sehr speziellem Interesse für Archäologie zu empfehlen). Die Skulpturen von Entremont gehören der Zeit um 200 v. Chr. an und zählen damit zu den ältesten bekannten gallischen Bildhauerarbeiten. – In der Gemäldegalerie hängen vor allem Werke provenzalischer, flämischer, niederländischer und italienischer Meister. Hervorzuheben sind die Bilder «Jupiter und Thetis» und «Bildnis des Granet» von Ingres. In der kleinen Sammlung neuerer Skulpturen ist besonders der provenzalische Bildhauer Chastel (18. Jh.) stark vertreten.

Place des Quatre-Dauphins [11]. Zu diesem Platz führt von dem vorgenannten Museum aus die Rue Cardinale. Der stimmungsvolle Platz ist von alten Patrizierhäusern umgeben. In seiner Mitte steht die Fontaine des Quatre-Dauphins (1667), der Vier-Delphine-Brunnen.

Musée Arbaud [12]. Das Museum liegt nördlich des vorgenannten Platzes an der Ecke der Straßen Quatre-Septembre/Mazarine (Eingang: 2a rue du Quatre-Septembre; geöffnet dienstags, donnerstags und samstags von 14–17 Uhr). In dem Museum befinden sich Manuskripte und Bücher, die sich auf die Provence beziehen, ganz besonders aber auf den Félibrige sowie Gemälde und Skulpturen von provenzalischen Künstlern, ferner eine schöne Fayencensammlung. Von dem Museum aus sind es nur wenige Schritte zum Cours Mirabeau.

Sonstiges: Im Süden der Stadt liegt (in der Nähe des Bahnhofs) an der Avenue Benjamin-Abram und am Chemin des Fenouillères die Cité Universitaire [13], die Universitätsstadt, die in den letzten Jahren durch etliche moderne Fakultätsgebäude eine beträchtliche Ausweitung erfahren hat (offizieller Name: Université Aix-Marseille). Im Norden der Stadt, von [14] aus auf der Avenue Pasteur und der Avenue Cézanne zu erreichen, befindet sich das Atelier Cézanne (Chemin des Lauves; geöffnet 10–12 und 14.30–18 Uhr; dienstags und feiertags geschlossen). Der Maler Paul Cézanne (1839–1906) stammte aus Aix-en-Provence, hielt sich in den letzten Jahrzehnten seines Lebens vorwiegend dort auf, machte die Landschaft der Provence zum Thema vieler seiner Bilder, blieb aber zu seinen Lebzeiten in seiner Heimat fast unbeachtet. Erst einige Zeit nach seinem Tod wurde sein Atelier zu einem Museum umgestaltet, in dem sich einige Erinnerungsstücke an ihn befinden. Im Südwesten der Stadt befindet sich im Quartier Jas de Bouffan (von der place Général-de-Gaulle aus zu erreichen über den Boulevard de la République, den Cours des Minimes, die Route de Galice und die Avenue Marcel-Pagnol) die Fondation Vasarely (in der Nähe der Jugendherberge), ein Museum (geöffnet 10–17 Uhr; dienstags sowie am 1. Mai und 25. Dezember geschlossen) mit Werken des 1908 in Ungarn geborenen Malers und Graphikers Victor de Vasarely. Der Künstler ist einer der bedeutendsten Vertreter der «Kinetischen Malerei». Seine mathematische berechneten Bildtafeln und Graphiken bieten optische Effekte in reiner Form dar, teilweise unter Einbeziehung des Moiré-Effektes.

Praktische Hinweise

Eisenbahnverbindungen: Marseille, Grenoble, Lyon.
Autobusverbindungen: in die engere Umgebung der Stadt; Touristen-Autobusse.
Information: Office de Tourisme, 2 place Général-de-Gaulle, F-13100; im Sommer Stadtführungen.
Hotels: *** L. «P. L. M. Pigonnet», Avenue du Pigonnet; «Le Roi René», 14 bd du Roi-René (mit Schwimmbad).
** «Thermes Sextius», 55 cours Sextius (mit Schwimmbad); «Le Manoir», 8 rue d'Entrecasteaux; «Novotel Aix Est», Autoroute A 8/Avenue des Infirmeries; «Novotel Aix Sud», Arc de Meyran, Périphérique Sud (die beiden Novotels haben Schwimmbäder).
* «Cardinal», 24 rue Cardinale; «Moderne», 34 avenue V.-Hugo; «Saint-Christophe», 2 avenue V.-Hugo; «Concorde», 68 bd du Roi-René; «France», 63 rue Espariat; «Le Prieuré», Route des Alpes.
Jugendherberge: Avenue Marcel-Pagnol; ganzjährig geöffnet.
Campingplätze: «L'Arc-en-Ciel», «Chantecler», beide südöstlich nahe der N7.
Restaurants: «Vendôme», Place Général-de-Gaulle; «Au Vieil Aix», 17 rue de la Couronne.

Arles (50000 Einw.) liegt an der Grand Rhône, am Beginn des Rhônedeltas (unmittelbar nördlich von Arles teilt sich die Rhône in die Petit und die Grand Rhône, die Kleine und die Große Rhône) und am Rande der Camargue. Allein diese Lage verlockt schon zu einem Besuch der Stadt. Viel stärker wird die Verlockung noch, wenn man bedenkt, daß Arles die Metropole eines Kaiserreichs und die Hauptstadt eines Königreichs war und daß sich aus diesen Zeiten eindrucksvolle Bau- und Kunstdenkmäler erhalten haben, die zu den bedeutendsten Sehenswürdigkeiten der Provence zählen.

Es scheint, daß die Griechen von Massalia eine ligurische Ansiedlung, die an der Stelle des heutigen Arles lag, in eine griechische Kolonie umgewandelt haben. Diese Kolonie spielte gegenüber Massalia nur eine sehr unbedeutende Rolle. Der Aufstieg von Arles begann, als der Teutonenbesieger Marius parallel zur großenteils versandeten und daher nicht schiffbaren Rhône einen Kanal zum Golfe de Fos, der damals noch weiter ins Land hineinreichte, bauen ließ und die Stadt damit für den Seehandel öffnete. In den Kämpfen zwischen Caesar und Pompeius stand Arles auf der Seite des siegreichen Caesar und konnte daher 49 v. Chr. das Erbe von Marseille antreten. Im frühen 4. Jh. n. Chr. wurde Arles zur Hauptstadt Galliens (Lyon, das bis dahin Hauptstadt war, geriet zu sehr in den Angriffsbereich germanischer Völker) und damit zu einer der Metropolen des Römischen Reiches. Nach der Gründung von Konstantinopel (329) galt Arles als die dritte Stadt des Römischen Reiches. Kaiser Konstantin der Große, der Gründer Konstantinopels, hielt sich mehrmals in Arles auf und berief 314 eine Synode der Bischöfe des weströmischen Reiches nach dort ein.

879 wurde Arles die Hauptstadt eines Königreichs, das durch die Teilungen des karolingischen Reiches zustande gekommen war und das unter den Namen Königreich Burgund, Provence und Arelat bis 1032 bestand. In der Folgezeit entwickelte sich Arles zu einer Stadtrepublik, die ihre Unabhängigkeit aber nur mit Mühe gegen die Erzbischöfe von Arles zu behaupten vermochte. 1239 mußte die Stadt die Oberhoheit der Grafen von Provence anerkennen, und seitdem ist ihre Geschichte derjenigen der Provence gleich. 1789 wurde das Erzbistum Arles aufgehoben; der letzte Erzbischof wurde 1792 in der Concièrgerie in Paris zusammen mit anderen kirchlichen Würdenträgern niedergemetzelt.

Wer die wichtigsten Sehenswürdigkeiten und Museen von Arles besuchen will, sollte eine für sie alle gültige Sammeleintrittskarte (stark verbilligt) lösen. Sie ist bei den acht folgenden Sehenswürdigkeiten und Museen erhältlich: Arena, Antikes Theater, Kreuzgang Saint-Trophime, Heidnisches Lapidarium, Christliches Lapidarium, Museum Réattu, Palais de la Trouille (Constantin), Museon Arlaten und les Alyscamps (Öffnungszeiten: 8.30–12.30 und 14–19 Uhr vom 1. Juni bis 30. September, bis 18.30 Uhr im Oktober; 9–12.30 und 14–17.30 Uhr im November, bis 16.30 Uhr im Dezember; 9–12 und 14–16.30 Uhr im Januar/Februar, bis 17.30 Uhr im März; 8.30–12 und 14–18.30 Uhr im April, bis 19 Uhr im Mai). Da die Straßen von Arles sehr eng und belebt sind, da ferner die einzelnen Sehenswürdigkeiten nicht weit voneinander entfernt liegen, empfiehlt es sich, die Besichtigung zu Fuß zu machen. Lediglich zu den Alyscamps kann man hinausfahren, obwohl es auch bis dahin nicht weit ist.

Boulevard des Lices [1]. Diese breite, baumbestandene Allee ist der beliebteste Spazierweg der Arlesier. An der Südseite steht das Hotel «Jules César», das in einem alten Kloster eingerichtet und das beste Hotel der Stadt ist. Dem Hotel schräg gegenüber liegt ein öffentlicher Park, der nach Norden bis an das antike Theater reicht. Im rechten Winkel zur Promenade des Lices verläuft der Boulevard Émile-Combes [2]. An ihm steht noch ein beachtlicher Rest der Stadtmauer, die in ihrem unteren Teil aus römischer Zeit, im übrigen aus dem Mittelalter stammt.
Théâtre antique [3]. Das Antike Theater wurde wahrscheinlich zur Zeit des Kaisers Augustus (um Christi Geburt) erbaut. Von der dreigeschossigen Arkadenwand, die das Zuschauerhalbrund umgab, ist nur die sogenannte Tour de Roland (Rolandsturm) erhalten geblieben, ein Mauerstück, das im Mittelalter zu diesem Festungsturm ausgebaut worden ist. Von den Säulen der Bühnenwand stehen noch zwei aufrecht, aus afrikanischem Marmor die eine, aus italischem die andere. Über die einstige Bühne hinweg sieht man den mächtigen Glockenturm von Saint-Trophime. Das Theater ist heute oft Stätte folkloristischer Veranstaltungen; in der zweiten Julihälfte findet dort ein Festival statt.
Les Arènes [4], auch Amphithéâtre genannt, im Deutschen als Arena und seltener als Amphitheater bezeichnet. Vom Antiken Theater aus sind es nur wenige Schritte bis zum Rond-Point des Arènes mit dem Amphitheater, das wahrscheinlich zu Beginn des 2. Jh. n. Chr. erbaut worden ist. Im 4. Jh. wurde es restauriert. Die beiden Achsen des Bauwerks sind rund 136 und 107 m lang. Das Fassungsvermögen des ursprünglich dreistöckigen Baus wird auf 25000 Zuschauer geschätzt. Das oberste Stockwerk (Attika) wurde im frühen Mittelalter abgerissen. Aus dem Material wurden innerhalb der Mauern des in eine Art Fliehburg umgewandelten Bauwerks rund 200 kleine Wohnhäuser erbaut. Außerdem wurden im 13. Jh. zusätzliche Verteidigungstürme errichtet, von denen drei noch erhalten sind. Im 19. Jh. wurden diese Ein- und Anbauten größtenteils beseitigt. Im Sommer finden in der Arena Stierkämpfe statt. Besonders eindrucksvoll sind die nächtlichen Courses de cocarde. Östlich der Arena liegt die Place de la Major mit der Kirche Notre-Dame-la-Major [5]. Das Hauptschiff der Kirche ist romanisch. Aus späterer Zeit stammen die Seitenschiffe (14. Jh.), der spätgotische Chor (16. Jh.), die Fassade (17. Jh.) und der Glockenturm (19. Jh.). In der Vorgängerin der heutigen Kirche soll 451 das dritte Konzil von Arles stattgefunden haben.
Palais de la Trouille [6], auch Palais de Constantin und Palais des Thermes genannt. Von der Arena aus kommt man durch die Rue des Arènes und die Rue du Général-de-Gaulle dorthin. Es handelt sich bei dem «Palais» um die Ruinen der wahrscheinlich in konstantinischer Zeit erbauten (oder restaurierten) städtischen Thermen, des Stadtbades. Am besten erhalten ist das Caldarium (Warmbad). An sich genügt es, wenn man durch das Gitter einen Blick auf die Ruinen wirft. Für die Wintermonate gelten besondere Besichtigungszeiten; man wendet sich an den Concièrge des Musée Réattu.
Musée Réattu [7]. Das Museum befindet sich in der ehemaligen Priorei der Malteserritter, einem aus dem 14. und 16. Jh. stammenden Gebäude mit schöner gotischer Fassade zur Rhône hin und mit einem stimmungsvollen Innenhof. Während der Französischen Revolution ging das Haus in den Besitz des arlesischen Malers Jacques Réattu (1760–1833) über; seine Tochter überließ es 1868 mit den Werken und Sammlungen ihres Vaters der Stadt Arles. Außer den Werken von Réattu und von dem ebenfalls aus Arles stammenden Antoine Raspal (1738–1811) sind vor allem zu sehen: flämische Wandteppiche (16. Jh.) mit den Darstellungen der Weltwun- 48 >

Fortsetzung Seite 89

20

50

51

tournesoldes
KODAK

54

55

der; Werke von Henri Rousseau (1875–1933); Skulpturen von Antoine Bourdelle (1861–1929) und Ossip Zadkine (1890–1967); Wandteppiche und Keramiken von Jean Lurçat (1892–1966).

Saint-Trophime [8]. Vom Musée Réattu aus führt die Rue de l'Hôtel-de-Ville zur Place de la République, auf der ein ägyptischer Obelisk (15 m hoch) steht. An der Ostseite dieses Platzes erheben sich das ehemalige erzbischöfliche Palais (heute unter anderem Sitz des Office de Tourisme) und die ehemalige Kathedrale (heute Pfarrkirche) Saint-Trophime. Die ältesten Teile der Kirche sind ein Teil der Fassade, das Querhaus (11. Jh.) und das Langhaus mit den beiden Seitenschiffen (12. Jh.), sodann der romanische Glockenturm (Abschluß aus dem 17. Jh.). Alle übrigen Bauteile stammen aus dem 14. bis 17. Jh. Recht beachtenswert ist, daß die beiden Seitenportale eine Fassade durchbrechen, die aus karolingischer Zeit stammt, und daß das Hauptportal eben dieser Fassade vorgesetzt ist. Die karolingische Fassade ist der untere Teil der Gesamtfassade (der obere gehört mit dem Hauptportal dem 12. Jh. an). Das Hauptportal ist ein bedeutendes Werk der romanischen Schule der Provence. Seine Skulpturen verraten allerdings zum großen Teil nicht mehr die großartige Gestaltungskraft, die zum Beispiel die Skulpturen von Saint-Gilles erkennen lassen. Dennoch sind Gewändestatuen wie die des Petrus und des Johannes (links vom Portal) sehr wohl der Beachtung wert. Im Innern der Kirche, in der 1178 Kaiser Friedrich I. Barbarossa zum König von Burgund gekrönt wurde, befinden sich einige frühchristliche Sarkophage (um 400), die reich mit Reliefs geschmückt sind: der als Altar dienende Sarkophag in der Chapelle du Saint-Sépulcre (Darstellung Christi und der Apostel Petrus und Paulus); der ebenfalls als Altar dienende Sarkophag in der Chapelle Saint-Genès (Darstellung des Zuges der Juden durch das Rote Meer); der als Taufbecken dienende Arkadensarkophag im linken Seitenschiff. Vom ehemaligen erzbischöflichen Palais aus gibt es einen Verbindungsweg, der direkt auf den Eingang zum Kreuzgang von Saint-Trophime zuführt. Von den vier Wandelgängen des Kreuzgangs stammen der östliche und nördliche aus romanischer Zeit (12. Jh.), die beiden romanischen Gänge sind wegen ihres Skulpturenschmucks die sehenswertesten. Jedes Kapitell ist wegen seiner Darstellungen aus dem Alten und Neuen Testament des Verweilens wert. Das Hauptaugenmerk sollte man allerdings auf die beiden Pfeiler des nördlichen Wandelganges (an der Kirche) richten. Die Skulpturen dieser beiden Pfeiler (nordwestlicher Trophimus-, nordöstlicher Stephanuspfeiler) gehören zu den Meisterwerken der romanischen Bildhauerkunst in der Provence.

Musée lapidaire païen [9]. Gegenüber der Kirche Saint-Trophime stehen das Rathaus (17. Jh.) mit einem Turm aus dem Jahre 1555 und die ehemalige Kirche Sainte-Anne, die im 17. Jh. im Stil der Gotik des 14. Jh. errichtet wurde. In dieser Kirche befindet sich heute das Heidnische Lapidarium, ein Museum, in dem Kunstwerke aus römischer (heidnischer) Zeit zusammengetragen sind. Im Kirchenschiff sind vor allem Sarkophage aus dem 1.–3. Jh. n. Chr. aufgestellt, darunter der «Phädra-und-Hippolyt-Sarkophag» (um 200 n. Chr.), der im Stadtteil Trinquetaille (rechts der Rhône) gefunden worden ist. Unter den Statuen (in der Apsis) verdienen besonders die der beiden Tänzerinnen und eine Statue des Augustus Beachtung (gefunden im antiken Theater).

Musée lapidaire chrétien [10]. Geht man von der Place de la République aus durch das Rathaus hindurch nach links, so befindet man sich in der Rue Balze, an der die ehemalige Jesuitenkapelle (17. Jh.) steht. In dieser Kapelle befindet sich das Christliche Lapidarium mit Sarkophagen aus frühchristlicher Zeit (vorwiegend 4. Jh.), die aus den beiden frühchristlichen Friedhöfen von Arles, insbesondere von den Alyscamps, stammen.

Der Besuch dieses Museums ist doppelt interessant, weil man von ihm aus Zugang zu dem im 1. Jh. v. Chr. angelegten Kryptoporticus hat. Es handelt sich dabei um insgesamt etwa 200 m lange unterirdische Doppelgalerien, die als städtische Lagerräume und als Kornspeicher gedient haben dürften. Zugleich haben sie vielleicht als Substrukturen des Forums gedient, das von dort bis zur weiter nördlich gelegenen Place du Forum
< 56 gereicht hat. An diesem Platz traten die Galerien an die Erdoberfläche, und dort etwa dürfte der kapitolinische Tempel gestanden haben. Die beiden korinthischen Säulen, die man an der Place du Forum sieht, gelten als Überreste des alten Tempels.

Museon Arlaten [11]. Von der Place de la République geht die Rue de la République aus, und an ihr liegt Ecke Rue Frédéric-Mistral das Arelatische Museum, das auch Palais du Félibrige genannt wird. Dieses Museum, das in einem gotischen Adelshaus aus dem frühen 16. Jh. untergebracht ist (im Hof wurde eine römische Exedra freigelegt), wurde auf Veranlassung des Dichters Frédéric Mistral gegründet, der für die Ausstattung den Betrag zur Verfügung stellte, der ihm 1904 mit dem Nobelpreis für Literatur zugefallen war. Man hat das Museum als den «Reliquienschrein der Provence» bezeichnet. Die in ihm enthaltenen Stücke vermitteln einen einzigartigen Einblick in die provenzalische Volkskunst und Volkskunde.

Les Alyscamps – Saint-Honorat [12]. Am Ostende des Boulevard des Lices beginnt die Avenue des Alyscamps, die in ihrem letzten Abschnitt als Allée des Tombeaux (Gräberstraße) bezeichnet zu werden pflegt. Alyscamps heißt soviel wie Elysische Gefilde (entspricht also den Champs-Elysées in Paris). In römischer Zeit verlief an der Stelle dieser Straße die Via Aurelia. So, wie an den großen Ausfallstraßen aus Rom Gräber angelegt wurden (zum Beispiel an der Via Appia Antica), geschah dies auch im römischen Arles. Die Alyscamps waren also in römischer Zeit Gräberstraße. Im 4. Jh. wurde der Friedhof von den Christen übernommen, und spätestens im 6. Jh. entstand die Legende, daß auch der heilige Trophime, der als erster Bischof von Arles gilt, dort beigesetzt worden sei und daß sich an seinem Grab viele Wunder ereignet hätten. Der Ruhm des Friedhofs wurde infolgedessen so groß, daß auch aus größerer Entfernung (zum Teil auf dem Wasserweg) Tote in ihren Sarkophagen nach dort geschafft worden sein sollen. Im Laufe der Zeit entstanden auf den Alyscamps 19 Kirchen und Kapellen; von den erhaltenen ist die Kirche Saint-Honorat die bedeutendste. 1152 wurde der Leib des heiligen Trophime in die Kathedrale überführt, die seitdem Saint-Trophime heißt. Dadurch verloren die Alyscamps als Begräbnisstätte mehr und mehr an Bedeutung, und gegen Mitte des 15. Jh. wurden die Bestattungen eingestellt. Im 16. Jh. begann man, die schönsten Sarkophage an Fürsten und Städte zu verschenken, andere schaffte man in die Kirchen und Museen von Arles. Einen kleinen Rest ordnete man an der heutigen Allée des Tombeaux an, die so als einzige

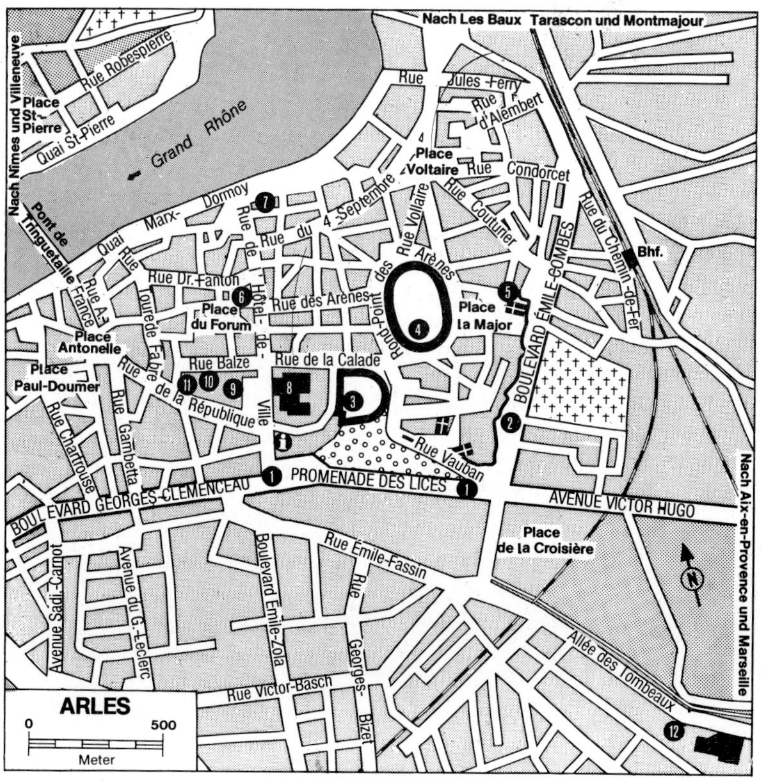

Gräberstraße der Alyscamps bestehen geblieben ist. Eine Besonderheit der Alyscamps war, daß die Sarkophage dort nicht eingegraben, sondern auf der Erdoberfläche aufgestellt wurden. Wenn später Ausgrabungen vorgenommen werden mußten, so nur deshalb, weil die Sarkophage im Laufe der Zeit eingesunken oder zugeweht worden waren. Die heutige Anordnung der Sarkophage an der Allée des Tombeaux entspricht also durchaus den ursprünglichen Verhältnissen. Die Kirche Saint-Honorat, die am Ende der Gräberstraße steht, wurde in karolingischer Zeit erbaut und sollte im 12. Jh. restauriert werden. Von diesem alten Bau sind nur noch der Chor und der Glockenturm, einer der schönsten romanischen Türme der Provence, erhalten. Außerdem bestehen noch einige Kapellen aus dem 15. bis 17. Jahrhundert.

Praktische Hinweise

Eisenbahnverbindung: An der Strecke Paris–Marseille–Ventimiglia.
Autobusverbindungen: Aix-en-Provence, Avignon, Marseille, Nîmes, Les Saintes-Maries-de-la-Mer, Saint-Gilles-du-Gard, Tarascon und andere.
Information: Office de Tourisme, Boulevard des Lices, F-13 200.
Hotels: *** «Jules César», Boulevard des Lices (mit dem ausgezeichneten Restaurant «Lou Marquès»).
** «Le Forum», Place du Forum; «D'Arlatan», 26 rue Sauvage (herrschaftliches Haus aus dem 15. Jh.; kein Restaurant).
* «Calendal», 22 place Pomme; «Constantin»; 59 bd de Craponne.
Restaurants: «Le Vaccarès», Place du Forum; «Hostellerie des Arènes», 62 rue du Refuge; «L'Affenage», 4 rue Molière.
Jugendherberge: Avenue Foch, ganzjährig.
Campingplatz: «La Chapelette», Saint-Martin-de-Crau (rund 14 km südöstlich von Arles).

Avignon (93 000 Einw.), die Hauptstadt des Departements Vaucluse, liegt am linken Ufer der Rhône und ist eine der sehenswertesten Städte Südfrankreichs. Den Namen der Stadt nennen, an das Avignon der Päpste denken und das alte Tanzliedchen «Sur le pont d'Avignon» (Auf der Brücke von Avignon) summen, das ist eins; denn ohne den Papstpalast und das Liedchen gibt es gewissermaßen kein Avignon. Der Palast steht für die Geschichte und die großen Sehenswürdigkeiten der Stadt, das Liedchen für die Heiterkeit der Landschaft und der Menschen.

Avignon geht auf eine ligurische Ansiedlung zurück, die 48 n. Chr. römische Kolonie wurde. Während der Antike blieb die Stadt bedeutungslos. Auch im Mittelalter, als sich die Grafen von Toulouse, die Grafen von Provence und die Bischöfe von Avignon um die Stadt stritten, spielte sie zunächst nur eine recht untergeordnete Rolle. Im 13. Jh. schloß sich die Stadt den ketzerischen Albigensern an und wurde zur Strafe dafür nach der Eroberung (1226) durch König Ludwig VIII. teilweise zerstört (vor allem wurden alle Festungsanlagen niedergerissen). In der Folgezeit teilten sich die Könige von Frankreich und die Bischöfe von Avignon in die Oberhoheit über die Stadt. Die königliche Macht war jedoch stärker, so daß die Könige die Stadt 1290 den Herzögen von Anjou überlassen konnten.

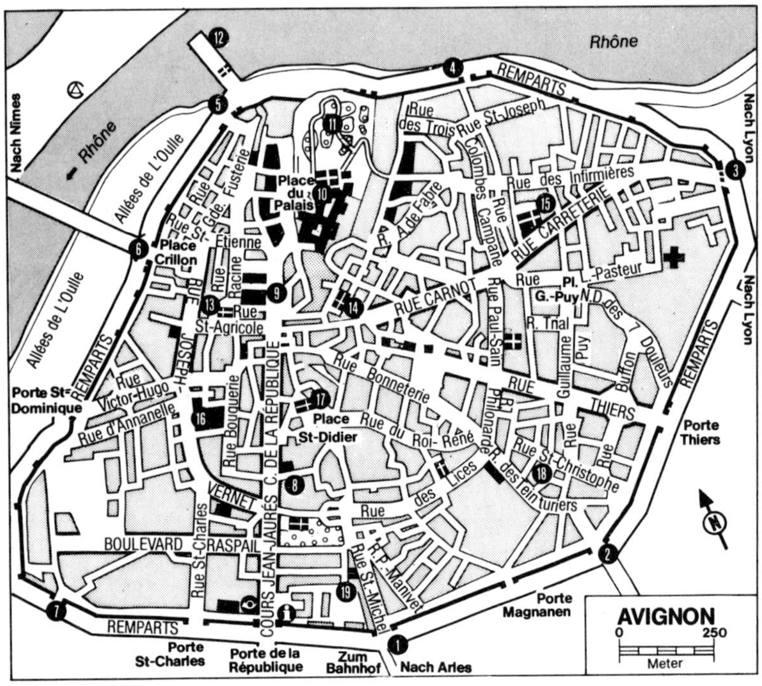

Mit der Übersiedlung der Päpste (1309) begannen Aufstieg und Blütezeit der Stadt. Während die Päpste dort zunächst nur Gäste der Grafen von Provence waren, wurden sie durch den Ankauf Avignons (1348) schließlich die Herren der Stadt, und sie blieben es bis zur Französischen Revolution. Die Blütezeit Avignons war nicht auf das 14. Jh., in dem die Päpste dort residierten, beschränkt, sie hielt vielmehr dank dem Wohlwollen vieler Päpste auch später an. 1475 wurden die Bischöfe von Avignon zu Erzbischöfen erhoben (die Stadt ist noch heute Erzbistum). Der erste Erzbischof war Giuliano della Rovere, der spätere Papst Julius II.

In den Tagen der Französischen Revolution hatte Avignon große Opfer sowohl an Menschenleben als auch an Bau- und Kunstdenkmälern zu bringen, da sich die Wut der Revolution dort ganz besonders stark gegen Kirche und Papsttum wandte.

Stadtmauern. Von 1355–1370 wurde an den Mauern gebaut, die heute, wenn auch zum Teil stark restauriert, die Stadt in einem weiten Oval und in einer Länge von gut 4 km umgeben. Die sieben ursprünglichen Stadttore sind: die Porte Saint-Michel [1], Limbert [2], Saint-Lazare [3], de la Ligne [4], du Rhône [5], de l'Oulle [6], Saint-Roch [7]. Die übrigen Tore sind erst später in die Mauer gebrochen worden. Es lohnt sich, wenigstens einen Teil der Stadtmauern abzuschreiten oder zu umfahren. Man betritt die Altstadt durch die gegenüber dem Bahnhof gelegene Porte de la République (19. Jh.), der gegenüber die Cité Administrative und die von Ambrogiani mit einem Fresko geschmückte Post liegen. Von dem Tor geht geradlinig die Hauptstraße der Stadt aus, die zunächst Cours Jean-Jaurès und dann Rue de la République heißt und kurz vor dem Papstpalast endet.

Musée lapidaire [8]. Am Anfang der Rue de la République steht die ehemalige Jesuitenkapelle (1620–1660), eines der schönsten Barockbauwerke Frankreichs. In dieser Kapelle befindet sich heute das Lapidarium (gallo-römische Bildhauerarbeiten) aus der Provence. Das Lapidarium gehört zum Musée Calvet und hat die gleichen Öffnungszeiten wie dieses.

Place Clemenceau [9]. An diesem Platz, der das Zentrum der Stadt darstellt, endet die Rue de la République.

Rund um den Platz liegen Restaurants und Cafés, das Theater (Mitte 19. Jh.) und das Rathaus (1845–1851) mit dem gotischen Glockenturm, nach dem der Platz vielfach Place de l'Horloge genannt wird.

Von diesem Platz führen die Rue Gérard Philippe und die Rue Jean Vilar zur

Place du Palais [10]. Die linke Seite dieses Platzes wird von Palästen, vorwiegend aus dem 16. und 17. Jh., eingenommen. Der schönste ist das an der Nordseite des Platzes stehende Petit Palais (14. und 15. Jh.), die ehemalige Residenz der Erzbischöfe von Avignon. Das Palais ist heute Musée du Petit Palais (mittwochs bis montags 9–12 und 14–18 Uhr). In der Skulpturensammlung des Museums befinden sich beachtenswerte Arbeiten aus romanischer und gotischer Zeit. In der Gemäldegalerie ist die Schule von Avignon (14. und 15. Jh.) stark vertreten. Außerdem sind dort Werke italienischer Meister des 13., 14. und 15. Jahrhunderts zu sehen (u. a. Botticelli, Carpaccio und Ghirlandaio). Die rechte Seite der Place du Palais wird eingenommen vom

Palais des Papes. Im Papstpalast, der Hauptsehenswürdigkeit der Stadt, finden während der Osterferien und vom 1. Juli bis 30. September von 8–11.30 und 14–18 Uhr halbstündlich Gruppenführungen statt. Vom 1. Oktober bis zum Palmsonntag beginnen die Führungen um 9, 10, 11,

14, 15 und 16 Uhr; zu diesen Führungen kommen in der Zeit vom 1. Mai bis 30. Juni Führungen um 8, 17 und 18 Uhr hinzu.

Der Palast, der eine Fläche von rund 15 000 m^2 einnimmt, besteht aus dem Alten Palast (im Grundriß schwarz) und dem Neuen Palast (im Grundriß schraffiert). Den Alten Palast ließ Papst Benedikt XII. (1334–42) an der Stelle des Palastes der Bischöfe von Avignon erbauen. Der Neue Palast entstand zur Zeit des Papstes Klemens VI. (1342–1352). Die Bezeichnung Palast ist irreführend. Das mächtige Bauwerk ist nämlich eher eine trutzige Burg und war zweifellos auch als solche, der prekären Lage des Papsttums entsprechend, konzipiert. Lediglich die Teile, die Klemens VI. vollenden oder errichten ließ, haben wenigstens im Innern palastartigen Charakter; das mag damit zusammenhängen, daß Klemens VI. adliger Abkunft war und dem Benediktinerorden, der Wert auf Repräsentation und Prunk legte, angehörte (Benedikt XII. kam aus einfacher Familie und gehörte dem strengen Orden der Zisterzienser an).

Vom frühen 15. Jahrhundert an begann der immer weniger benutzte Papstpalast zu verfallen. Bis 1903 ging er allmählich in den Besitz der Stadt Avignon über, die 1906 mit den noch nicht völlig abgeschlossenen Restaurierungsarbeiten begann. Besonders bei den jüngsten Restaurierungen wurde großer Wert auf die Herstellung des ursprünglichen Zustandes gelegt. Man nahm sogar vorübergehend den Steinbruch von Villeneuve wieder in Betrieb, der im 14. Jahrhundert das Baumaterial für den Palast geliefert hatte.

Zu den restaurierten Räumen gehören sieben Säle, die im Februar 1977 ihrer Bestimmung als Kongreßzentrum übergeben worden sind. Ein Teil des Papstpalastes ist also nunmehr Kongreßgebäude. Im untenstehenden Grundriß sind nur die Palastteile mit einer Ziffer gekennzeichnet, die besichtigt werden können (eine arabische Ziffer weist auf Lage im Erdgeschoß, eine römische Ziffer auf Lage im Obergeschoß hin); dabei wird keine Rücksicht darauf genommen, in welcher Reihenfolge die Räume besichtigt werden (die Reihenfolge ist abhängig von den jeweils stattfindenden Restaurierungsarbeiten). Durch die Porte des Champeaux (Haupteingang) kommt man in die Cour d'Honneur (1), den Großen Hof, der im Westen und Süden vom Neuen Palast, im Osten und Norden vom Alten Palast umgeben ist. Der in diesem Hof gelegene 27 m tiefe Brunnen wurde zur Zeit Urbans V. (1362–1370) gegraben. Von der Nordostecke des Hofes aus hat man Zugang zur Cour du Cloître (2), dem Kreuzgang Benedikts XII. An der Ostseite des Kreuzgangs liegt die Aile du Consistoire (Konsistorienflügel) mit der Salle du Consistoire (3) und der Chapelle Saint-Jean (in der Tour Saint-Jean) sowie dem Grand Tinel (I), dem Großen Festsaal (Fresken von Simone Martini; zu diesem Saal führt aus dem Kreuzgang eine Treppe hinauf), und der Chapelle Saint-Martial (III), die sich ebenfalls in der Tour Saint-Jean befindet. Beide Kapellen hat Matteo Giovanetti aus Viterbo mit Fresken geschmückt. Vom Festsaal aus hat man auch Zugang zu den in der Tour des Cuisines (II) eingerichteten Küchen.

Südlich des Festsaals liegt die Chambre de Parement (IV), ein großes Vorzimmer, durch das man ins Schlafzimmer des Papstes (V) gelangt (das Zimmer ist der Hauptraum der Tour des Anges, des Engelturms). Von dort kommt man durch die in der Tour de la Garde-Robe gelegene Chambre du Cerf (VI), das Hirschzimmer, das den Namen seinen eindrucksvollen Jagdfresken verdankt, und über eine Treppe in die Nordsakristei der Grande Chapelle (VII) und in die Sacristie pontificale (VIII), die in der Tour Saint-Laurent eingerichtete päpstliche Sakristei. Vor dem Haupteingang der Großen Kapelle liegt eine Loggia, von der aus eine Treppe hinunterführt in die unter der Kapelle gelegene Grande Audience (4), den Großen Audienz- und Gerichtssaal, an den sich im rechten Winkel die ebenfalls als Gerichtssaal dienende Petite Audience (5) anschließt. Diese wurde früher von der Tour de la Gâche überragt, die der Tour de la Campane (Nordwestecke des Alten Palastes) ähnelte, aber abgebrochen werden mußte. Vom Kleinen Audienzsaal kommt man durch die Salle des Gardes (6), den mit Fresken aus dem 17. Jahrhundert geschmückten Saal der Wachen, zum Haupteingang zurück.

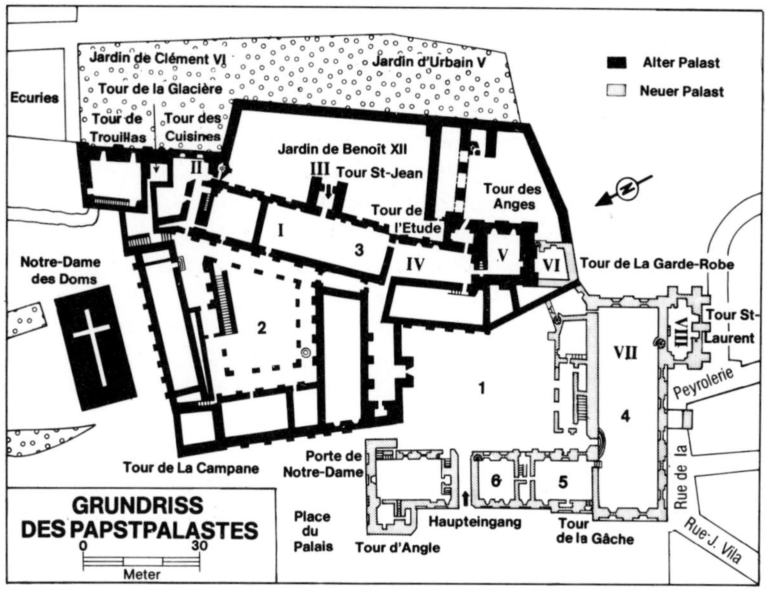

Cathédrale Notre-Dame des Doms. Der Escalier du Pater führt vom Palast hinauf zu der nur wenige Schritte entfernten Kathedrale, einem romanischen Bauwerk, das um die Mitte des 12. Jahrhunderts an der Stelle einer älteren Kirche errichtet, vom 14. bis 17. Jahrhundert durch Anbauten erweitert und 1672 im Innern großenteils barockisiert wurde. Dem Westturm wurde 1859 eine vergoldete, aber deplaziert wirkende Marienfigur aufgesetzt. Als eine Art Vierungsturm erhebt sich über der Kathedrale eine achtseitige Turmkuppel, die neben der Vorhalle der eindrucksvollste Bauteil der Kathedrale ist. Die beachtenswertesten Stücke der Innenausstattung sind der links vor dem Chor stehende Bischofsstuhl (12. Jh.) aus weißem Marmor und in der an die Sakristei angrenzenden Chapelle (1316) das Grabmal des Papstes Johannes XXII. (1316–1334), das, 1345 geschaffen, während der Französischen Revolution stark beschädigt und dann schlecht restauriert wurde.

Rocher des Doms [11]. Dieser Felsen, auf dem die ligurische Vorgängerin von Avignon gestanden hat, ragt zwischen der Kathedrale und der Rhône empor. Heute befindet sich dort eine wundervolle Parkanlage. Von der Terrasse aus überblickt man eine der schönsten Landschaften Südfrankreichs. Zu seinen Füßen sieht man die Ruine des Pont Saint-Bénézet [12], der auch einfach Pont d'Avignon genannt wird. Die Brücke wurde gegen Ende des 12. Jh. erbaut und im 13. Jh. restauriert; seit dem 17. Jh. ist sie Ruine. Auf dem zweiten Brückenpfeiler steht die romanische Kapelle Saint-Nicolas, die im 13. Jh. in zwei Stockwerke geteilt worden ist. Die Brücke führte über die Ile de la Barthelasse hinweg, und auf dieser Insel vergnügten sich früher die Einwohner von Avignon. In dem zu Anfang dieses Kapitels erwähnten Tanzliedchen hat es daher ursprünglich «sous» (unter) und nicht «sur» (auf) geheißen.

Saint-Agricol [13]. Hinter dem Rathaus steht an der Rue Saint-Agricol die in der ersten Hälfte des 14. Jh. erbaute Kirche Saint-Agricol. Im 15. Jh. und zu Beginn des 18. Jh. wurden wesentliche Erweiterungen vorgenommen. Im rechten Seitenschiff befindet sich ein beachtenswerter Altaraufsatz (1525), ein Werk der Frührenaissance. Den Hochaltar schuf 1765 J.-B. Péru.

Saint-Pierre [14]. Von der Place Clemenceau aus führt die Rue des Marchands zu dieser vorwiegend gotischen Kirche, an der von 1358–1525 gebaut wurde. Die schöne Fassade ist nach Entwürfen des Malers Philippe Garcin 1512 geschaffen worden. Die Türflügel des Portals sind mit ihrem reichen Skulpturenschmuck (1551) eine hervorragende Renaissancearbeit. Der gotische Glockenturm gilt als der schönste von Avignon. Im Chor sind ausgezeichnete Holzschnitzereien (17. Jh.) zu sehen.

Von der Kirche Saint-Pierre aus kann man ein wenig weiter in den Ostteil der Altstadt gehen (Rue Carnot, du Portail-Matheron und de la Carreterie). Man trifft dort auf die Kirche Saint-Symphorien [15] (Place des

Carmes; 17. Jh., Fassade aus dem 15. Jh.) und auf die Chapelle de la Visitation (Rue Paul-Saïn; 17. Jh.; gute Malereien und Stuckdekorationen).
Musée Calvet [16]. Das 65 Rue Joseph-Vernet gelegene Museum erreicht man am besten von der schon erwähnten Rue Saint-Agricole aus. Das Museumsgebäude ist das ehemalige Hôtel de Villeneuve-Martignan (1742–54). Das Museum besteht hauptsächlich aus einer archäologischen Abteilung, einer Gemäldegalerie und einer Bibliothek, ferner aus einigen Spezialsammlungen, von denen die Sammlung von Kunstschmiedearbeiten (mehr als 6000 Stücke) die bedeutendste ist. Die archäologische Abteilung, in der griechische, gallische und gallorömische Arbeiten zu sehen sind, wird seit Jahrzehnten nach und nach in das Musée lapidaire verlegt, in dem sich nun auch das «Menschenfressende Monstrum», eine gallische Arbeit aus dem 3. Jahrhundert v. Chr., befindet. In der großen Gemäldegalerie sind Werke von einheimischen Malern, so von Joseph Vernet (1714–1789), zu sehen; vor allem befinden sich dort aber Werke der flämischen Schule, der holländischen Schule des 17. Jh., der spanischen Schule (zum Beispiel «Petrus auf dem See» von Ribera), der italienischen Schule des 16.–18. Jh. und Werke französischer Meister des 16.–19. Jh. In der Salle Joseph Rignault sind Werke unter anderem von Dufy, Renoir, Seurat, Toulouse-Lautrec und Utrillo zu sehen. – Das Museum ist außer dienstags von 9–12 und 14–18 Uhr (auch im Winter) geöffnet (sonntags freier Eintritt).
Saint-Didier [17]. Die nur wenige Schritte östlich der Rue de la République gelegene Kirche ist ein gotischer Bau aus der ersten Hälfte des 14. Jahrhunderts. Hinter einem einfachen Äußeren verbirgt sich ein reich ausgestatteter Innenraum. Das ansehnlichste Kunstwerk ist der Altaraufsatz der Kapelle Notre-Dame du Spasme (erste Kapelle rechts), der auf Kosten König Renés I. 1478 von Francesco Laurana geschaffen wurde. Neben diesem Werk der frühen Renaissance verdient die spätgotische Kanzel (15. Jh.), die ursprünglich wohl eine Orgel- oder Sängertribüne war, Beachtung.
Von der Place Saint-Didier aus führt die Rue du Roi-René nach Osten. An dieser Straße stehen zahlreiche alte Adels- und Patrizierhäuser. Das schönste Haus ist das Hôtel de Crillon (Nr. 7), das um 1625 erbaut wurde. An der Stelle des Hauses Nr. 22 stand einst die Kirche Sainte-Claire. Eine Tafel erinnert daran, daß der italienische Dichter Francesco Petrarca, der seine Jugendzeit in Avignon verbracht hat, in dieser Kirche 1327 zum erstenmal die von ihm dann so häufig besungene Laura gesehen hat.
Rue des Teinturiers [18]. Die Verlängerung der obengenannten Rue du Roi-René ist die Rue de la Masse, die an der Rue Bonneterie endet. Diese Straße wird nach Südosten durch die Rue des Teinturiers, die malerische Färberstraße, fortgesetzt. Die Straße führt an dem Flüßchen Sorgue entlang. Einige der großen Wasserräder der alten Färbereien sind noch erhalten. Jenseits der Sorgue liegen auf dem Gelände des Collège Saint-Joseph Glockenturm und Kapelle des zerstörten Franziskanerklosters, in dessen Bereich 1348 Petrarcas Laura beigesetzt worden sein soll.
Couvent des Célestins [19]. Hinter der Cité administrative, die nahe der Porte de la République östlich des Cours Jean-Jaurès liegt, befinden sich die Gebäude des 1394 gegründeten Klosters der Cölestiner. Seit einigen Jahren ist man dabei, die Gebäude, die lange Zeit als Kaserne gedient haben und baulich verunstaltet worden sind, zu restaurieren. Die schöne gotische Kirche (1396–1425) kann zur Zeit noch nicht besichtigt werden. Dagegen ist der gotische Kreuzgang (frühes 15. Jh.) zur Besichtigung freigegeben.

Praktische Hinweise

Eisenbahnverbindungen: Paris, Marseille, Ventimiglia; Kopfstation der Strecke Avignon – L'Isle-sur-Sorgue – Fontaine-de-Vaucluse – Cavaillon – Salon-de-Provence – Miramas – Fos-sur-Mer – Port-de-Bouc – Martigues – L'Estaque – Marseille (großenteils landschaftlich sehr schöne Strecke).
Autobusverbindungen: zum Teil Touristenbusse nach fast allen Orten des Departements Vaucluse, nach vielen Orten der Departements Gard sowie Bouches-du-Rhône und in die angrenzenden Gebiete der Departements Drôme und Basses-Alpes.
Information: Office de Tourisme, 41 cours Jean-Jaurès, F-84 000.
Hotels: *** «Europe», 12 place Crillon (Renaissancebau; gutes Restaurant); «Les Frênes», Avenue des Vertes-Rives (gut 5 km in Richtung Montfavet; Park, Schwimmbad, Tennisplatz).
** «Cité des Papes», 1 rue J.-Vilar; «Novotel», im Südosten der Stadt an der N 7 (Straße nach Marseille).
* «Le Louvre», 23 rue Saint-Agricol; «Le Midi», 55 rue de la République; «Angleterre», 29 boulevard Raspail (ruhig); «Le Palais des Papes», 1 rue Gérard-Philippe; «Le Jacquemart», 3 rue Félicien-David.
Restaurants: «Helen», 1 rue J.-Vilar (sehr gut); «Auberge de France», 28 place de l'Horloge (donnerstags und mittwochabends geschlossen; Tischreservierung ratsam; einige Fremdenzimmer); «Auberge Pont Saint-Bénézet», 48 quai de la Ligne (nahe dem Pont d'Avignon; einfach und ruhig; mittwochs geschlossen).
Campingplatz: «Bagatelle», auf der Ile de la Barthelasse, beim Pont d'Avignon.

Nîmes (134 000 Einw.) hat zwar zur römischen Provinz gehört, mit den Gebieten, die im Verlauf der weiteren Geschichte unter Provence verstanden worden sind, hatte es jedoch nichts zu tun. Die Stadt ist aber mit der Reiselandschaft Provence so eng verbunden, daß sie in diesem Reiseführer nicht fehlen darf. Die am Fuß der Garrigues in 39 m Höhe gelegene Stadt verdankt ihren kunstgeschichtlichen und touristischen Ruhm den römischen Baudenkmälern, die so eindrucksvoll sind, daß ein Dichter die Stadt als «das bleibende Vorwort des antiken Italien» bezeichnet hat.
Neben dem Hauptort eines gallischen Stammes ließ Kasier Augustus gegen Ende des 1. Jh. v. Chr. die Veteranen seiner Ägyptenfeldzüge ansiedeln. Von diesen Veteranen rührt das Wappentier von Nîmes, das Krokodil, her. Der Name der Stadt hingegen geht auf den gallischen Brunnengott Nemausus zurück, an den die Quelle im Jardin de la Fontaine erinnert. Außer Augustus haben besonders die Kaiser Hadrian (117–138) und Antoninus Pius (138–161) sich sehr um die Stadt gekümmert, so daß sie im 2. Jh. n. Chr. ihre große Blütezeit erlebte. Die mittelalterliche und ein Teil der neuzeitlichen Stadtgeschichte ist durch religiöse Auseinandersetzungen gekennzeichnet: Widerstand gegen die arianischen Westgoten; Verwicklung in die Albigenserkriege; 1389 Vertreibung der seit Jahrhunderten in der Stadt ansässigen Juden; im 16. Jh. Anschluß an die Hugenotten, deren südfranzösische Hochburg Nîmes wurde, und infolgedessen lang anhaltende Auseinandersetzungen zwischen Protestanten und Katholiken. Unter diesen Umständen erlebte die Stadt erst von der zweiten Hälfte des 19. Jh. an wieder einen Aufstieg (erhebliche Industrialisierung und starker Ausbau des Weinhandels).
Für die römischen Baudenkmäler, nämlich für das Amphitheater, die Maison Carrée, den Dianatempel und die Tour Magne, gibt es eine Sammeleintrittskarte, die an jeder dieser vier Stellen erworben werden kann. Die römischen Sehenswürdigkeiten sind von 9–12 und 14–19 Uhr (vom 1. Oktober bis Palmsonntag nur bis 17 Uhr) zu besichtigen.

Place de la Libération [1]. Den weiten Platz schmückt die Fontaine de Nîmes (1848), die nach ihrem Schöpfer auch Fontaine Pradier genannt wird. Die Brunnenfigur symbolisiert die Stadt Nîmes; für die Figur hat Juliette Drouet, die Freundin des Bildhauers Pradier und des Dichters Victor Hugo, Modell gestanden. An der Nordostseite des Platzes steht die 1867 erbaute Kirche Sainte-Perpétue, und etwas nördlich von ihr, im Winkel zwischen Boulevard Amiral-Courbet und Rue Notre-Dame, liegt der Square de la Couronne mit einem Denkmal des in Nîmes geborenen Dichters Alphonse Daudet (1840–97). Nach Westen hin, wo das Palais de Justice steht, schließt sich an die Place de la Libération die Place des Arènes an. Auf ihr stehen

Les Arènes [2]. Das Amphitheater wurde im 1. Jh. n. Chr. erbaut. Es ist nur unwesentlich kleiner als das von Arles, aber weit besser erhalten. Vor allem besitzt dieses Theater noch den weitaus größten Teil der Attika (Obergeschoß), die in Arles abgetragen worden ist. Im Mittelalter bildete das Theater (wie das von Arles) eine Festung und eine Art Fliehburg. Im 19. Jh. wurde das Bauwerk von allen Einbauten befreit. Heute ist es die bedeutendste Stierkampfarena Südfrankreichs. In ihr finden gleichermaßen Stierkämpfe spanischen Stils (Mises à mort) und provenzalischen Stils (Courses de cocarde) statt (Juni bis September).

Musée des Beaux-Arts [3]. Von der Place des Arènes aus führt die Rue de la Cité-Foulc nach Süden. An ihr liegt das Museum der Schönen Künste (geöffnet außer dienstags 9–12 und 14–17 Uhr). Während das Museum keine überragenden Gemälde und Bildhauerarbeiten aus neuerer Zeit aufweist, ist das große römische Mosaik, das 1884 in Nîmes gefunden wurde, sehenswert. Es ist rund 50 m² groß: dargestellt ist ein griechischer Sagenstoff (Admetos und Alkestis).

Maison Carrée [4]. Der Boulevard Victor-Hugo verbindet die Place des Arènes mit der Gegend, in der das Forum der römischen Stadt gelegen hat. Dort steht als einziger Rest der Forumsbauten die Maison Carrée, ein kurz vor Christi Geburt erbauter römischer, aber stark von der griechischen Baukunst beeinflußter Tempel. Das 26 m lange, 15 m breite und 17 m hohe Gebäude hat in nachrömischer Zeit allen möglichen Zwecken gedient und sollte im 17. Jh. Stein um Stein abgebrochen und im Park von Versailles wieder aufgebaut werden. Dieser Plan zerschlug sich, und so blieb die Stadt Nîmes im Besitz eines der am besten erhaltenen und eindrucksvollsten römischen Baudenkmäler außerhalb Italiens. Das Innere des von 30 Säulen mit prächtigen Akanthuskapitellen umgebenen Tempels ist eine einschiffige Cella, die nur durch das hohe Portal Licht erhält. In der Cella sind einige hervorragende antike Kunstwerke ausgestellt, die durchweg aus der Entstehungszeit des Tempels stammen.

Jardin de la Fontaine [5]. Über den Boulevard Alphonse-Daudet und den Quai de la Fontaine kommt man in den Bezirk der Nemausus-Quelle, um die herum in der Antike zahlreiche Bauten standen. Im 18. Jh. wurde dieser Bezirk in einen mit Skulpturen reichgeschmückten Garten barocken Stils, eben den Jardin de la Fontaine, umgewandelt, der sich als Waldpark (Föhren und Zedern) am Hang des Mont Cavalier hinauf fortsetzt. In dem Garten sind einige Reste der antiken Bauten und Anlagen erhalten geblieben. Zur Nemausus-Quelle führen zwei halbkreisförmige Terrassen hinunter, die im wesentlichen antik sind. Links von der Quelle steht die Ruine des sogenannten Dianatempels, der wahrscheinlich im 2. Jh. n. Chr. erbaut wurde und zum Thermenkomplex gehörte. Auf den verschlungenen Wegen des Parks geht man zum Mont Cavalier hinauf, der von der Tour Magne, dem Großen Turm, gekrönt wird. Welchem Zweck der wahrscheinlich im 1. Jh. v. Chr. erbaute Turm diente, ist unbekannt. Auf einer Treppe von 140 Stufen kann man zu einer Plattform hinaufsteigen, von der man einen prächtigen Blick auf die Stadt und ihre Umgebung hat.

Von der Tour Magne aus folgt man den Straßen Stéphane-Mallarmé, Rouget-de-Lisle und d'Albenas. Am Ende dieser letzten Straße steht die Ruine des Castellum divisorium, eines römischen Wasserturms. Dort endete die antike Wasserleitung, deren imposantester Teil der Pont du Gard war.

Porte d'Arles [6]. Von der Ruine des Wasserturms aus kommt man durch die Rue de Lampèze zum Boulevard Gambetta, an dem (Nr. 20) das Geburtshaus des schon erwähnten Dichters Alphonse Daudet steht. Vom Boulevard Gambetta zeigt der Boulevard Amiral-Courbet, von diesem die Rue Nationale ab. An der Ecke der Rue Nationale steht die Ruine der Porte d'Arles (Arles-Tor), die auch Porte d'Auguste genannt wird, da sie zur Zeit des Kaisers Augustus erbaut wurde. Das Tor bildete einen Teil der zur gleichen Zeit errichteten Stadtmauer. Von dort aus wurde die Entfernung bis Rom gemessen.

Cathédrale Notre-Dame et Saint-Castor [7]. Von der Rue Nationale zweigt nach links die Rue Guizot ab, die an den Markthallen vorbei zur Tour de l'Horloge (Uhrturm aus dem 17. Jh.) führt. Von dort kann man durch die Rue de l'Horloge oder durch die Rue de la Madeleine zur Kathedrale gehen. Die Kathedrale wurde im 19. Jh. fast ganz neu errichtet. Jedoch sind einige Teile der alten romanischen Kirche des 11. Jh. erhalten geblieben. Zu diesen Teilen gehören die unteren Geschosse des Glockenturms und vor allem die Friese an der Fassade. Der romanische Fries über dem modernen Portal ist stark verwittert. Von dem unter dem Giebel verlaufenden Fries sind nur die sechs linken Platten romanisch (die übrigen elf sind Nachbildungen des 17. Jh.); sie stellen Szenen aus dem Alten Testament dar. In der dritten Seitenkapelle rechts steht ein Sarkophag aus der Zeit um 300 n. Chr.

Rechts von der Kathedrale liegt das ehemalige bischöfliche Palais, in dem sich heute das Musée du Vieux Nîmes befindet. Das Museum ist im Sommer von 9–12 und 15–18 Uhr, im Winter von 9–12 und 14–17 Uhr geöffnet; geschlossen ist es an Sonntagvormittagen. Die Sammlungen dieses Museums von Alt-Nîmes enthalten Seidenwaren, die im 18. Jahrhundert in Nîmes nach indischen Vorlagen hergestellt worden sind, ferner Möbel, kunstgewerbliche Arbeiten und sonstige Dinge von volkskundlichem Wert.

Musée archéologique [8]. Von der Kathedrale geht man durch die Straßen des Marchands und de la Trésorerie (Rathaus im ehemaligen Hôtel de la Trésorerie, 16./17. Jh.) und dann durch die Rue des Greffes zum Boulevard Amiral-Courbet, an dem das weitläufige ehemalige Jesuitenkolleg, das im 17. Jh. erbaut wurde, steht. In diesem Kolleg ist das Archäologische Museum untergebracht, das von 9–12 und 15–18 Uhr (vom 1. Oktober bis Palmsonntag von 9–12 und 14–17 Uhr) besichtigt werden kann. An Sonntagvormittagen sowie am 1. und 2. Januar, 1. Mai, 1. und 11. November, 25. und 26. Dezember ist das Museum geschlossen.

Das Erdgeschoß ist im wesentlichen der vorrömischen Zeit vorbehalten. Dort befinden sich Funde aus den vorgeschichtlichen Siedlungsplätzen am Gard und aus den ebendort gelegenen gallischen Ansiedlungen. Bei den gallischen Stücken der Sammlung, die in der Gegend von Saint-Chaptes gefunden wurden, handelt es sich vor allem um ganz ausgezeichnete Kriegerbüsten. Eindrucksvoll ist auch der Pferdefries, den man in den Ruinen der vorgeschichtlich-gallischen Höhensiedlung bei Nages (südwestlich von Nîmes) ausgegraben hat.

Die Römerzeit und in etwa auch das Mittelalter sind Gegenstand der Sammlungen im ersten Stockwerk. Dort befindet sich auch ein Münzkabinett, in dem Münzen mit dem Krokodil zu sehen sind.

Neben dem Archäologischen Museum birgt das ehemalige Jesuitenkolleg ein naturgeschichtliches Museum (geöffnet wie das Archäologische Museum).

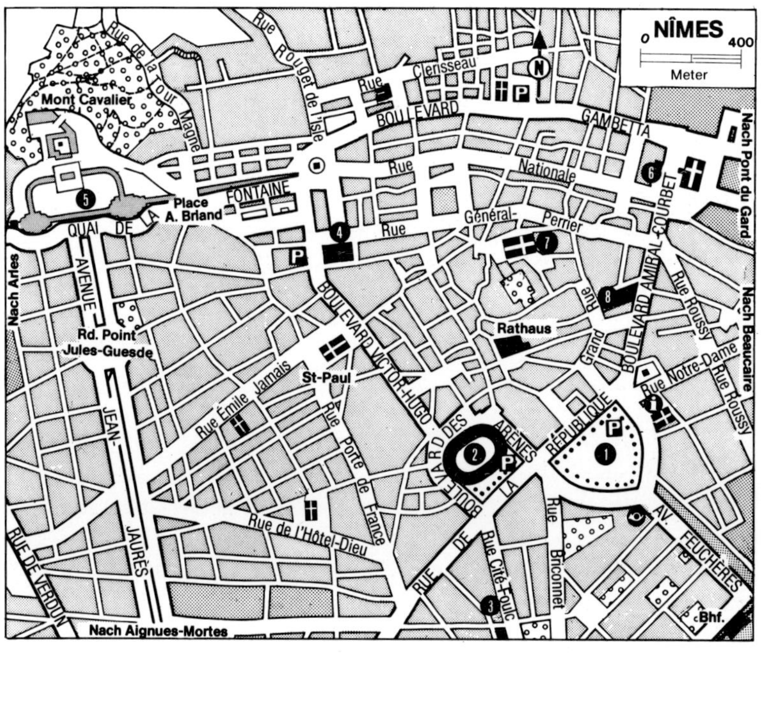

Praktische Hinweise

Flugverbindungen: Flugplatz Garons (8 km südöstlich der Stadt); Verbindungen nach Lyon, Nizza, Paris u. a.
Eisenbahnverbindungen: An den Strecken Genf bzw. Ventimiglia – Port Bou; Lyon – Nîmes; Clermont-Ferrand – Nîmes; Nîmes – Le Grau du Roi; Nîmes – Alès (über Sommières und Quissac).
Autobusverbindungen: Aigues-Mortes, Alès, Arles, Avignon, Le Vigan, Montpellier, Sommières und nach vielen anderen Orten; Touristenbusse.
Information: Office de Tourisme, 6 rue Auguste, F-30 000.
Hotels: *** «Imperator», Place Aristide-Briand/Quai de la Fontaine.
** «Cheval Blanc», Place des Arènes; «Novotel Nîmes Sud», Boulevard Périphérique Sud.
* «Le Milan», 17 avenue Feuchères; «Maison Carrée», 14 rue de la Maison-Carrée; «Provence», 5 square de la Couronne; «Amphitéâtre», 4 rue des Arènes.
Restaurants: «A la Louve», 1 rue de la République; «Le Niçois», 10 rue Grizot (montags geschlossen); «La Pergola», 11 rue Enclos Rey.
Jugendherberge: Chemin de la Cigale (vom 1. Oktober bis 30. März von samstags 10 Uhr bis sonntags 20 Uhr geschlossen).
Campingplatz: «Camping Municipal» (zwischen Stadion und Straße N 87 gelegen).

Route 1: Montélimar–Nîmes–Alès (338 km)

Montélimar (30 000 Einw.). Bis vor die Tore dieser Stadt reichte das Gebiet der Grafen von Provence. Die Stadt selbst unterstand im Mittelalter lange Zeit den Adhémar, deren Burg im Osten der Stadt steht. Seit dem 16. Jh. hat sich Montélimar zur Stadt des Nougats entwickelt. Im Süden der Stadt biegt man vor dem Roubion in die N 102 ein, überquert den Rhônekanal und dann die Rhône, die hier die Grenze zwischen den Departements Drôme und Ardèche bildet, und fährt über Le Teil (ab dort auf der N 86) im Rhônetal südwärts in das alte Bischofsstädtchen Viviers (3100 Einw.; 15 km), wo die Kathedrale (Glockenturm aus dem 14. Jh.) und an der Rue de la République die Maison des Chevaliers, ein reizender Renaissancebau aus dem 16. Jahrhundert, einen kurzen Aufenthalt rechtfertigen.
Bourg-Saint-Andéol (7000 Einw.; 29 km) ist der Ort, an dem der heilige Andéol den Märtyrertod erlitten haben soll. Unter dem Hochaltar der Kirche Saint-Andèol (12. Jh.) steht ein Sarkophag, in dem, wie die Inschrift besagt, zunächst ein nichtchristlicher junger Mann beigesetzt war; später soll dieser Sarkophag den Leichnam des Heiligen aufgenommen haben. Unmittelbar am Rhôneufer steht das einstige Palais der Bischöfe von Viviers. Von der Terrasse aus hat man einen schönen Blick über das Tricastin. Am Südwestrand des Ortes ist zwischen den beiden Quellen von Tourne (nahe der Avenue de Tourne) ein Mithrasrelief (2. Jh. n. Chr.) zu sehen.

Wer auf dem kürzesten Weg nach Süden weiterfahren will, behält die N 86 bei und erreicht nach 15 km Pont-Saint-Esprit. Wer Zeit hat, sollte sich aber zu folgendem Umweg entschließen:
Gorges de l'Ardèche. Man fährt auf der landschaftlich zum Teil recht reizvollen D 4 nach Vallon-Pont-d'Arc (59 km) und schlägt dort die vielgewundene und an Aussichtspunkten reiche D 290 ein, die hoch über den Schluchten der Ardèche nach Südosten führt. Fast am Beginn dieser Straße liegt der großartige Pont d'Arc, eine mächtige Naturbrücke, deren einzigen Bogen die Ardèche durch einen Kalksteinrücken gebrochen hat. Am Fuß dieser Naturbrücke ist auch die Anlegestelle für die Boote, mit denen man durch die Schluchten bis Saint-Martin-d'Ardèche hinunterfahren kann (Näheres beim Bürgermeisteramt in Vallon-Pont-d'Arc). In Saint-Martin-d'Ardèche endet auch die D 290. Man überquert auf der D 141 die Ardèche, die hier die Grenze zwischen den Departements Ardèche und Gard bildet, und fährt dann auf der D 901 zu dem wichtigen Brückenstädtchen

Pont-Saint-Esprit (7000 Einw.; 105 km). Die 919 m lange Brücke, die dem Ort den Namen gegeben hat, wurde 1265 bis 1309 erbaut und 1944 schwer beschädigt, aber immer noch stammen 19 der 25 Bogen in ihrem Kern von der mittelalterlichen Brücke. Von der Brücke aus hat man einen sehr schönen Blick auf das Städtchen und andererseits vom Terrassenplatz Saint-Pierre aus einen ebensolchen auf Fluß und Brücke. – *«Hôtel Vallaurie».
Bagnols-sur-Cèze (17 000 Einw.; 116 km) liegt von der Rhône rund 7 km (Luftlinie) entfernt und war noch vor wenigen Jahren nur wegen seines Musée d'Art moderne (im 2. Stockwerk des Rathauses) besuchenswert (vor allem Gemälde bedeutender französischer Maler des 19. und 20. Jh.). Inzwischen ist am Ufer der Rhône das Kernforschungszentrum Marcoule entstanden (6 km südöstlich von Bagnols-sur-Cèze). In Marcoule sind eine Aussichtsterrasse mit Orientierungstafel und eine Dauerausstellung geschaffen worden, durch die man einen Überblick über die Anlagen und einen Einblick in die Kernforschung erhält. Terrasse und Ausstellungsräume sind von 8–12 und 14–18 Uhr geöffnet. Von der Terrasse aus sieht man u. a. die Wand des antiken Theaters von Orange.
Uzès (7400 Einw.; 144 km) erreicht man von Bagnols-sur-Cèze aus auf der N 86/D 982. Der Besuch dieses Städtchens macht einen Umweg erforderlich. Bei direkter Fahrt in den Süden behält man die N 86, die über Remoulins nach Nîmes führt, bei. Uzès ist diesen Umweg durchaus wert. Die wesentlichen Sehenswürdigkeiten dieses Städtchens, in dem man zahlreiche alte Adels- und Patrizierhäuser, schöne Portale, Innenhöfe und

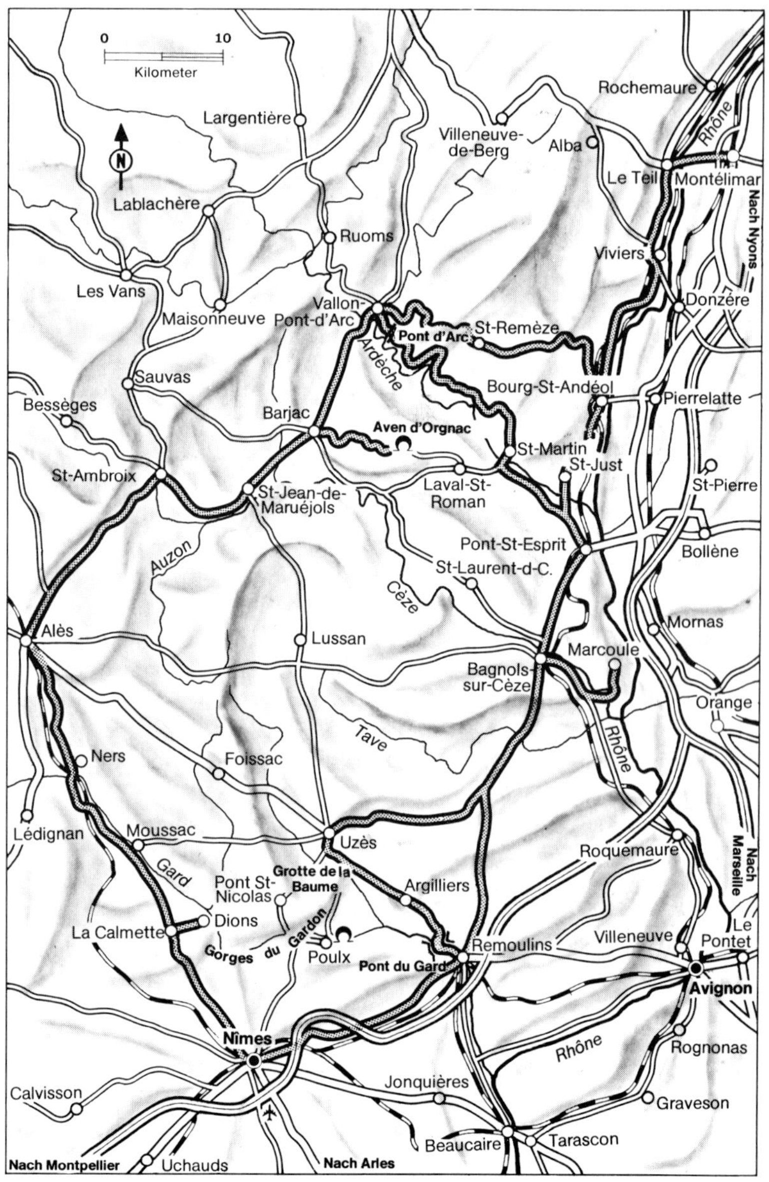

Balkone entdecken kann, sind: die einstige Kathedrale Saint-Théodorit mit dem runden, in sechs Stockwerken sich verjüngenden romanischen Glockenturm (Tour Fénestrelle; 12. Jh.); das Duché, das Schloß der Herzöge von Uzès, mit dem 43 m hohen Burgfried (Tour Bermonde; frühes 12. Jh.), einer gotischen Kapelle und einer sehr schönen Renaissancefassade aus dem 16. Jh. (das Schloß kann im Sommer von 9.30–12 und 14.30–19, im Winter bis 17 Uhr besichtigt werden); das Hôtel du Baron de Castille, ein Adelshaus aus dem späten 18. Jahrhundert. Von Uzès aus setzt man die Fahrt auf der D 981 fort und sieht bei dem Dorf Argilliers das Schloß de Castille, einen Bau aus dem 14. Jh., den der Baron de Castille (siehe Uzès) gegen Ende des 18. Jh. restaurieren und erweitern ließ. Der wesentliche Teil der Erweiterung waren die heute etwas deplaciert wirkenden Kolonnaden, die den Rahmen für Gartenfeste abgeben sollten, solche Feste aber infolge der Französischen Revolution nicht mehr erlebt haben dürften. Nur von diesen Kolonnaden aus ist die Anlage zu besichtigen.
Pont du Gard (158 km). Die «Brücke des Gard» ist ein Aquädukt, der kurz vor Christi Geburt von den Römern erbaut wurde und Teil einer Wasserleitung war, durch die Wasser von den bei Uzès gelegenen Quellen nach Nîmes geleitet wurde (fast 50 km). Der Pont du Gard war das bedeutendste Bauwerk dieser großartigen Wasserleitung. Das unterste Stockwerk ist gut 140 m lang und besteht aus sechs Bögen, die fast 22 m hoch sind. Das zweite Stockwerk zählt bei über 242 m Länge elf Bögen von mehr als 19 m Höhe. Das dritte Stockwerk schließlich ist 275 m lang und hat 35 Bögen. Dieses oberste Stockwerk, das etwa 7 m hoch ist (die Gesamthöhe des Pont du Gard beträgt knapp 49 m), enthält in seinem oberen Teil den Wasserkanal, der 1,85 m tief und 1,20 m breit ist. An vielen Stellen befinden sich Kalkablagerungen, die den Durchgang oft sehr stark verengen. Auf der Nordostseite des Pont du Gard ist eine Straßenbrücke (im Zuge der D 981) angelegt, von der aus man an beiden Ufern des Gard zum obersten Stockwerk des Pont du Gard hinauf- und an die Ufer des Gard hinabsteigen kann. Man sollte vor allem am rechten Ufer flußaufwärts gehen bis zu der Uferterrasse nahe dem Eingang zum Schloß Saint-Privat, weil man von dort einen herrlichen Blick auf den Pont du Gard hat. Überqueren kann man den Pont du Gard entweder im alten Wasserkanal (man hat dann allerdings keine Aussicht) oder auf der alten Abdeckung des Wasserkanals (herrliche Aussicht von der Höhe des Aquädukts aus; jedoch ist dieser Weg nur Schwindelfreien zu empfehlen).

Etwa 150 m nördlich des Pont du Gard liegt am rechten Ufer des Flusses das «Hôtel du Pont du Gard» und dicht dabei die vorgeschichtliche Höhle Salpêtrière. Die dort gemachten Funde befinden sich heute im Archäologischen Museum in Nîmes. Wegen der Besichtigung der Höhle wendet man sich an den Empfang des vorgenannten Hotels. Bei Remoulins (161 km) geht man von der D 981 auf die N 86 über und erreicht auf ihr Nîmes (181 km). Von Nîmes aus fährt man auf der N 106 in nordöstlicher Richtung nach Alès. Nach Durchquerung der Garrigues Nîmoises kommt man nach La Calmette (196 km), von wo man einen Abstecher (4 km je Weg) nach Dions machen sollte. Das Dorf liegt am Anfang der Gorges du Gardon. Auf einem Fußweg (10 Minuten) erreicht man den Gouffre de Dions (auch Aven de Dions genannt), eine 70 m tiefe Schlucht, in die man hinuntersteigen kann. Die N 106 führt aufwärts im Tal des Gard, der hier meist Gardons Réunis (Vereinigte Gardons) genannt wird, und in der Nähe von Ners am Zusammenfluß des Gardon d'Anduze und des Gardon d'Alès vorbei nach Alès.
Alès (45 000 Einw.; 225 km), das in einer Schleife des Gardon gelegen ist, hat sich zu einer bedeutenden Industriestadt entwickelt, deren Gesicht seit dem Zweiten Weltkrieg durch eine sehr fortschrittliche, eigenwillige und teilweise auch recht kühne Stadtplanung geprägt wird. Von den älteren Bauten verdient nur die ehemalige Kathedrale Saint-Jean (vorwiegend 18. Jh.; gotischer Glockenturm) Beachtung. Im Norden der Kirche liegen auf einem Hügel das Fort Vauban (17. Jh.) und die hübschen Jardins du Bosquet (schöner Blick auf die Stadt). In einem Park an der Rue de Lattre de Tassigny steht das Musée du Colombier (geöffnet außer dienstags und feiertags 10–12 und 14–18 Uhr).

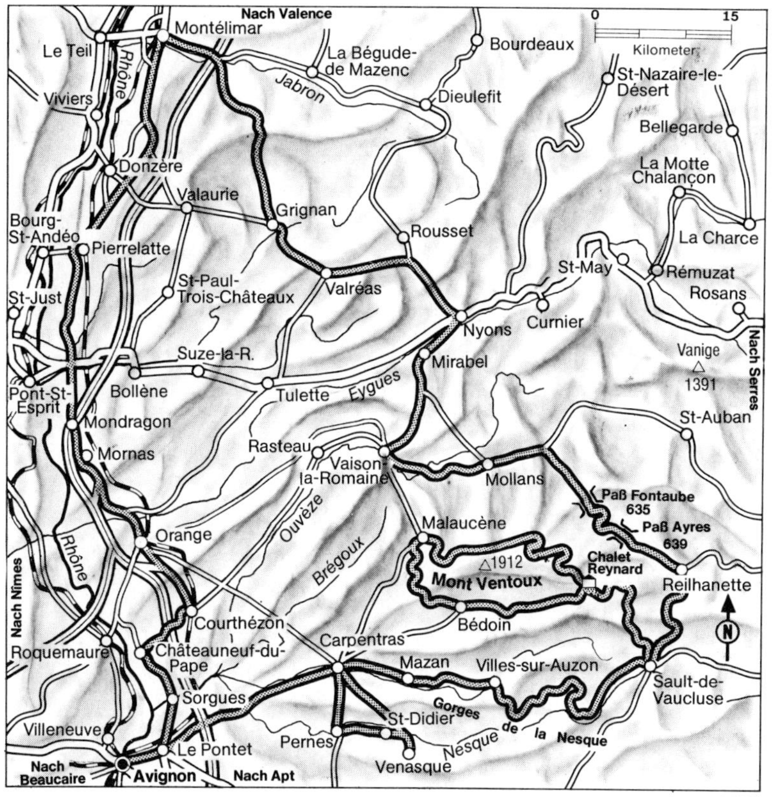

Hotels: ** «Christel», Rue Edgar-Quinet.
* «Grand Hôtel»; «Orly».
Campingplatz.
Von Alès aus fährt man auf der D 904 bis Saint-Ambroix (244 km; Seidenspinnereien), dann auf der D 51 bis Saint-Jean-de-Maruéjols (255 km) und schließlich auf der D 979 (sie kommt von Nîmes über Uzès und Lussan) nach
Barjac (1100 Einw.; 263 km). Etwa 8 km östlich dieses Dorfes liegt der Aven d'Orgnac, ein Komplex von Tropfsteinhöhlen, von dem nur erst ein sehr kleiner Teil besichtigt werden kann (Führungen vom 16. Februar bis 30. November von 8–12 und 14–18 Uhr). Die Höhlen zählen zu den bedeutendsten Sehenswürdigkeiten dieser Art in Frankreich. Besonders eindrucksvoll sind die beiden Salles Rouges, die bis zu 145 m tief liegen. Der erste der beiden Säle ist durch einen 34 m tiefen Schacht mit einem 180 m tief gelegenen Saal (unzugänglich) verbunden. *Campingplatz.*
Von Barjac führt die D 579 weiter in das auf Seite 94 erwähnte Vallon-Pont-d'Arc (279 km), von wo aus man entweder die Fahrt durch die Gorges de l'Ardèche machen oder auf dem für die Hinfahrt benutzten Weg nach Montélimar (338 km) zurückfahren kann.

Route 2: Montélimar–Avignon–Sault–Nyons (277 km)

Der eilige Reisende wird für die Fahrt durch das Rhônetal die Autobahn (gebührenpflichtig) benutzen. Für die Strecke Montélimar–Avignon der hier geschilderten Route ist jedoch die N 7 vorgesehen, auf der man Montélimar verläßt.

Man durchquert die Ausläufer der Tricastin-Hügel, fährt an Donzère (an der alten N 7 und am Ende des Robinet de Donzère, einem Engpaß des Rhônetals, gelegen) vorbei und überquert dann den Canal de Donzère-Mondragon, der einen der wichtigsten Abschnitte der Rhôneregulierung bildet. Zwischen dem Kanal und der Rhône liegt eine weite Bewässerungsebene, die nach ihrem Hauptort Pierrelatte (10 000 Einw., 23 km) benannt ist. Südlich von Pierrelatte liegt am Kanal das Kernforschungszentrum Pierrelatte. Etwa auf der Höhe dieser Anlagen überschreitet man die Grenze zwischen den Departements Drôme und Vau-

cluse. Bei La Croisière kreuzt man die D994, die nach Westen nach Pont-Saint-Esprit führt, überquert bald darauf erneut den Kanal und passiert das unter einem ruinengekrönten Felsen gelegene Mondragon (39 km).
Mornas (1200 Einw.; 44 km) liegt am Fuß steil abfallender Kalkfelsen, auf denen sich neben dem Friedhof eine romanische Kapelle und, weiter aufwärts, die Ruinen einer Burg aus dem 12. Jh. erheben. Der Aufstieg ist im letzten Abschnitt etwas beschwerlich, lohnt sich aber. *Hotel:* **«Le Manoir».
Orange (26000 Einw.; 55 km) geht auf eine gallische Ansiedlung zurück, die als Stadt in römischer Zeit eine bedeutende Rolle spielte. Im Mittelalter entstand die Herrschaft Orange (Stadt und Umgebung), die 1530 an die Grafen von Nassau (sie nannten sich nun auch Prinzen von Oranien) fiel. 1713 kam Orange an Frankreich. Der Ruhm der Stadt sind ihre römischen Bauten: *«Arc de Triomphe».* Am Nordrand von Orange steht auf einem runden Platz, um den die N7 herumführt, das etwa 19 m hohe und fast 20 m breite Monument, das zur Zeit Kaisers Augustus als Stadtgründungsmonument (der Kaiser legte die Stadt für die Veteranen der 2. Legion an) errichtet wurde. Es ist kein Triumphbogen (diese gab es nur in Rom selbst), auf den Reliefs sind jedoch unter anderem die Siege der Römer in Gallien dargestellt.
Théâtre antique. Das Antike Theater liegt im Süden der Stadt, am Fuß der Colline Saint-Eutrope. Es wurde wahrscheinlich zur Zeit des Kaisers Augustus erbaut und ist das einzige römische Theater, dessen Bühnenwand erhalten geblieben ist. Diese mächtige Wand ist rund 36 m hoch und gut 103 m lang. An den reichen künstlerischen Schmuck, den das Theater in der Antike aufweisen konnte, erinnert heute vor allem die über 3 m hohe Augustus-Statue, die aus Bruchstücken mühsam wieder zusammengesetzt und an ihren ursprünglichen Platz, in eine Nische der Bühnenwand, gestellt worden ist. Das Theater kann vom 1. April bis 30. September von 8–19 Uhr, sonst von 9–12 und 14–17 Uhr besichtigt werden.

Unmittelbar westlich des Theaters sind Reste des antiken Gymnasiums und eines Tempels freigelegt. Unmittelbar südlich dieser Reste und des Theaters erhebt sich die heute von einem Park eingenommene Colline Saint-Eutrope, auf der das antike Capitol gestanden hat. Nördlich des Tempels steht das Musée d'Orange (voraussichtlich bis 1982 geschlossen) mit der zwar stark beschädigten, aber dennoch sehr eindrucksvollen marmornen Flurkarte (77 n. Chr.) des römischen Orange, die älteste erhaltene Flurkarte (Kataster) Europas.
Eisenbahnverbindung: an der Strecke Paris–Marseille.
Autobusverbindungen: nach Avignon, Valréas, Nyons, Vaison-la-Romaine, Carpentras u. a.
Hotels: *** «Château de Rochegude», 14 km nördlich in Rochegude.
** «Louvre Terminus», 89 av. F.-Mistral.
* «Glacier», 46 cours Aristide-Briand; «Commerce», 4 rue Caristié.
Information: Office de Tourisme,Cours Aristide-Briand, F-84100.
Châteauneuf-du-Pape (2200 Einw.; 69 km). Man verläßt die N7 bei Courthézon (Stadtmauern aus dem 16. Jh.) und kommt auf der landschaftlich schönen D92 in die wegen ihrer Weine berühmte Ortschaft (man kann ab Orange auch die D976/17 benutzen, die bei Sorgues auf die N7 trifft). Der Weinbau wurde von den Päpsten während ihres Aufenthalts in Avignon eingeführt. Das Schloß, dessen Ruinen den Ort überragen, wurde im 14. Jh. von den Päpsten als Sommerresidenz erbaut. Der Aussicht wegen sollte man zu den Ruinen hinaufsteigen. – Ausgezeichnete Speisen und Getränke bieten «Mule du Pape» (dienstag- und mittwochabends geschlossen) und das 1,5 km südöstlich gelegene «Château des Fines Roches» (sonntagabends und montags geschlossen; einige Zimmer).
Auf der D192 fährt man durch die Weinberge von Châteauneuf-du-Pape zurück zur N7, auf der man über Sorgues und Le Pontet **Avignon** (89 km) erreicht. Dort beginnt der zweite Abschnitt dieser Rundfahrt, nämlich die Fahrt durch das ehemals päpstliche Gebiet Comtat Venaissin zwischen dem Plateau de Vaucluse und dem Mont Ventoux. Man fährt bis Le Pontet zurück. Von dort ab folgt man der D942 durch eine gutbewässerte und wohlbestellte Landschaft zur ehemaligen Hauptstadt des Comtat Venaissin:
Carpentras (26000 Einw.; 112 km). Von Avignon kommend, trifft man an der Place de l'Hôpital (am Rande der Altstadt) auf das Hôtel-Dieu, das 1750 bis 1758 auf Veranlassung und Kosten des aus Carpentras stammenden Bischofs Malachie d'Inguimbert erbaut wurde und in dem vor allem die Kapelle (Grabmal des Bischofs) und die Apotheke zu besichtigen sind (8–12 und 14–17 Uhr; samstags, sonn- und feiertags geschlossen). Auch die Sammlungen des Musée comtadin/Musée Duplessis (Boulevard Albin-Durand; geöffnet außer mittwochs 10–12 und 14–18, im Winter bis 16 Uhr) gehen großenteils auf Bischof d'Inguimbert zurück. Das Zentrum der Altstadt bildet die ehemalige Kathedrale Saint-Siffrein (1405–1618), deren spätgotisches Südportal, die sogenannte Porte Juive (Judentor), und Innenausstattung (besonders Werke des provenzalischen Bildhauers Jacques Bernus) Beachtung verdienen. Hinter dem Justizpalast (ehemaliges bischöfliches Palais an der Nordseite der Kathedrale) liegt die Place d'Inguimbert, von der die Rue d'Inguimbert zur Place de l'Hôtel-de-Ville führt. Dort steht eine der ältesten Synagogen Frankreichs (1367; Mitte des 18. Jh. völlig erneuert; geöffnet von montags bis freitags, und zwar hauptsächlich vormittags; man spricht im gegenüberliegenden Café vor). Zwischen Kathedrale und Justizpalast steht ein römisches Stadtgründungstor mit Reliefs von zwei Gefangenen. Macht man auf dem Boulevardring eine Rundfahrt um die Altstadt, kommt man an der Porte d'Orange (14. Jh.) vorbei.
Hotel: * «Du Fiacre». *Campingplatz:* «Villemarie».
Es lohnt sich, von Carpentras aus die folgende etwa 28 km lange Rundfahrt zu machen: Auf der D4 nach Venasque: Felsennest mit zum Teil römischen Stadtmauern und mit der neben der Kirche Notre-Dame (12. Jh.) stehenden sogenannten Taufkapelle (wahrscheinlich 11. Jh.); unterhalb von Venasque die Kapelle Notre-Dame de Vie mit dem sehenswerten Grabstein des 604 gestorbenen Bischofs Boëtius von Carpentras (Venasque war vom 6. bis 10. Jh. Sitz der Bischöfe von Carpentras). Auf der D28 nach Saint-Didier: Schloß aus dem 16. Jh. (heute Nervenheilanstalt) und Festungsturm, der als Stadttor und Glockenturm der kleinen Pfarrkirche dient. Auf der D28 weiter nach Pernes-les-Fontaines, bis 1229 Hauptstadt des Comtat Venaissin: Tour Ferrande (13. Jh.; im oberen Stockwerk beachtenswerte Wandmalereien aus der Zeit um 1275); Porte Notre-Dame (1548) mit Brücke und Kapelle Notre-Dame und der romanischen Kirche (12. Jh.) Notre-Dame-de-Nazareth (vorwiegend 12. Jh.). Auf der D938 zurück nach Carpentras.
Gorges de la Nesque. Auf der D942 kommt man von Carpentras aus zuerst nach Mazan (119 km), dessen auf einem Hügel gelegener Friedhof eine Einfriedung aus gallo-römischen Sarkophagen besitzt. Östlich von Villes-sur-Auzon beginnt die Route de Sault, die auch Route de la Nesque genannt wird. Die enge und sehr windungsreiche Straße führt rund 22 km lang durch die Schluchten der Nesque. Im letzten Abschnitt (mehrere Straßentunnel) passiert die Straße den seltsam geformten Rocher du Cire (872 m), den der Dichter Frédéric Mistral in seiner Dichtung «Calendal» beschreibt. Die Schluchten der Nesque enden kurz vor Monieux, einem Dorf mit zahlreichen Ruinen aus romanischer Zeit.
Sault-de-Vaucluse (1200 Einw.; 157 km) liegt in 765 m Höhe auf einem Ausläufer des Plateau de Vaucluse. Es ist ein wichtiger Straßenknotenpunkt, beliebte Sommerfrische und Standort für Skitouren im Gebiet des Mont Ventoux. Von der terrassenartigen Promenade aus hat man einen schönen Blick auf das Tal der Nesque und vor allem auf das Massiv des Mont Ventoux. *Hotel:* * «Du Louvre».
Mont Ventoux. In Carpentras gibt es ein Autobusunternehmen, das von Juni bis September jeden Sonntag und im Juli und August zusätzlich jeden Donnerstag Mont-Ventoux-Rundfahrten durchführt. Man kann die Rundstrecke um den Mont Ventoux auf folgenden Straßen erreichen: von Carpentras aus direkt auf den Straßen D938 und D974 (die Rundstrecke selbst wird ebenfalls als D974 bezeichnet); von der D942 (Route de Sault) östlich von Mazan aus; auf der D164 von Sault-de-Vaucluse aus. Dieser 57 >

Fortsetzung Seite 105

2398 DW 13

vivagel
CAMERONE
cours de dactylographie
MALTAISE de TUNISIE
fruits de montagne
VENTOLERA
TALISMAN
60

61

letzte Weg ist der am wenigsten beschwerliche. Die D 164 trifft am Chalet Reynard (20 km; 1460 m) auf die D 974; das Chalet hat ein Restaurant und einen Schlafsaal.

Die D 974 führt in starker Steigung am wilden Nordhang hinauf zum 1912 m hohen Gipfel des Mont Ventoux. Es befinden sich dort eine militärische Flugzeugleitstelle, ein Fernsehsender und ein meteorologisches Observatorium. An der Fassade des Observatoriums ist eine Tafel angebracht, die an die Besteigung des Mont Ventoux durch den Dichter Petrarca im Jahre 1336 erinnert. Die Aussicht vom Gipfel (Orientierungstafel an der Südseite) reicht sehr weit. Man kann Notre-Dame-de-la-Garde in Marseille sehen; an klaren Tagen soll man sogar die Pyrenäen erkennen können.

Die D 974 führt am Nordhang weiter nach Prées du Mont-Serein (1400 m; hübsch gelegene Chalets; zahlreiche Skilifte) und Malaucène (2000 Einw.; 365 m; 47 km), dessen Kirche eine Gründung des Papstes Klemens V. (1305–14) ist. Die Straße führt nun westlich um den Mont Ventoux herum und erreicht schließlich das am Südhang in 310 m Höhe gelegene Bédoin (1600 Einw.; 59 km). Durch eine fruchtbare Landschaft, durch Oliven- und Obstbaumbestände unterhalb des Massif des Cèdres sich hinschlängelnd, hält sich die Straße bis Saint-Estève in dieser mäßigen Höhe und steigt dann auf knapp 10 km bis zu 1460 m am Chalet Reynard (74 km) an. Vom Chalet Reynard fährt man nach Sault-de-Vaucluse (94 km) zurück.

Vaison-la-Romaine (5200 Einw.; 210 km). Dieses Städtchen erreicht man von Sault-de-Vaucluse aus auf einer sehr schönen Straße, die nördlich um das Ventoux-Massiv herum über Reilhanette (bis dahin D 942), die Pässe Ayres (639 m) und Fontaube (635 m), über Mollans an der Ouvèze und über das an alten Ruinen reiche Entrechaux (D 72/D 5/D 54/938) führt. Vaison-la-Romaine gehört, wie der Name (Die Römische) andeutet, zu den Orten der Provence, deren Gesicht heute noch sehr stark von römischen Bauten und Ruinen geprägt wird. Die gallische Ansiedlung, auf die Vaison zurückgeht, wurde in römischer Zeit eine reiche Stadt, in der sich viele wohlhabende Römer niederließen. Sehr früh faßte das Christentum dort festen Fuß, so daß sich die Bischöfe der Stadt nach dem Zusammenbruch des Römischen Reiches zu Stadtherren machen konnten. Im 12. Jh. wurden sie von den Grafen von Toulouse aus dieser Position verdrängt. Die Grafen ließen am linken Ufer der Ouvèze eine neue Stadt errichten (heute Vieux Bourg oder Haute Ville genannt und zum Teil noch mittelalterlich aussehend). Vom Ende des 17. Jh. an wanderte die Einwohnerschaft aus dieser neuen Stadt wieder in die alte Stadt am Nordufer der Ouvèze zurück, und diese alte (und römische) Stadt wurde nun die Neustadt von Vaison. Im Zusammenhang mit den Neuanlagen der Städte sind viele römische Bauten des Baumaterials wegen ganz oder teilweise abgebrochen worden. Besonders die mittelalterlichen Bauten der Stadt bestehen vorwiegend aus römischem Baumaterial.

Im Norden der Stadt liegen beiderseits der Place Chanoine Sautel (Place du 11 Novembre) die beiden großen Ausgrabungsgelände (Sammeleintrittskarte bekommt man am Eingang zum Grabungsgelände) Quartier de Puymin (im Nordosten) und Quartier de la Villasse (im Westen). Auf dem ersten Gelände sind die Ruinen des herrschaftlichen Hauses der Messii, des Porticus des Pompeius und des römischen Theaters (1. Jh. n. Chr.) zu sehen; außerdem steht dort das Musée municipale.

Im Quartier de la Villasse sind vor allem eine Ladenstraße, ein öffentliches Gebäude (Basilika) und zwei herrschaftliche Wohnhäuser freigelegt (die römischen Ruinen sind im Sommer von 9–19, sonst von 9–17 Uhr zu besichtigen). Die ehemalige Kathedrale Notre-Dame (heutiger Bau im wesentlichen aus dem 12. Jh.) weist Bauteile eines römischen Tempels und einer merowingischen Kirche auf. Der schöne romanische Kreuzgang stammt aus dem 11. und 12. Jh. Eine einbogige römische Brücke führt über die Ouvèze in die mittelalterliche Stadt, die zum Teil verfallen war, in den letzten Jahren aber restauriert wird.

Hotels: ** «L'Oustau», nordwestlich des Ortes an der Straße nach Villedieu. * «Du Théâtre Romain».
< 63

Grignan (1200 Einw.: 249 km). Von Vaison-la-Romaine aus fährt man auf der D 538 zunächst wieder in das Departement Drôme. Man kommt in das zwischen Olivenhainen und Lavendelfeldern gelegene Nyons (Arkadenhäuser, Brücke aus dem 14. Jh.) und dann auf der D 538/941 nach Valréas, das der Hauptort einer vom Departement Drôme umgebenen Exklave des Departements Vaucluse ist. Diese Exklave bildet einen Teil der zwischen Montélimar, Orange und Nyons gelegenen Landschaft Tricastin, die nach einem keltischen Stamm benannt ist. Von Valréas aus führt die D 941 ins Departement Drôme und nach Grignan. Der kleine Ort wird von einem Felsen überragt, auf dem sich das weithin sichtbare Schloß Grignan erhebt (vom 1. 4.–30. 9. – außer dienstags – von 9.30–11.30 und 14.30–18 Uhr). Es wurde Mitte des 16. Jh. erbaut (ein Seitenflügel im 17. Jh.) und ist zu Beginn des 20. Jh. recht glücklich restauriert worden. Es gehörte der Familie Adhémar, den einstigen Herren von Montélimar. Den letzten aus dieser Familie stammenden Grafen von Grignan heiratete 1669 die Tochter der Madame de Sévigné, der großen Briefschreiberin der französischen Literatur. Madame de Sévigné starb 1696 bei ihrer Tochter. Ihr Grab befindet sich in der Kirche Saint-Sauveur und ist zusammen mit dem Schloß, das durch die Briefe der Madame de Sévigné bekannt geworden ist, ein großer Anziehungspunkt für literarisch Interessierte. Erinnerungsstücke an die Familie Grignan und Madame de Sévigné besitzt das Musée Faure-Cabrol, auch Musée de Grignan genannt, in dem auch einige recht schöne provenzalische Zimmereinrichtungen, die aus dem Schloß stammen, ausgestellt sind (Besichtigung 9.30–12 und 14.30–18 Uhr; montags geschlossen).

Route 3: Avignon–Tarascon–Manosque (274 km)

Tarascon (11 000 Einw.; 23 km) von Avignon aus auf der N 570 zu erreichen, geht auf eine griechische Handelsniederlassung zurück, an deren Stelle die Römer ein Castrum errichteten, über dem im Mittelalter das heutige Schloß erbaut wurde. Die Legende sagt, daß um Christi Geburt der Ort von dem Ungeheuer Tarasque bedroht wurde und daß die heilige Martha (im Neuen Testament die Gastgeberin Christi) die Stadt von dem Ungeheuer befreit habe. An diese Legende erinnern das Tarasque-Fest am letzten Sonntag im Juni und die Martha-Prozession am 29. Juli. Die Kirche Sainte-Marthe (12. und 14. Jh; sehr schönes romanisches Südportal) birgt in der Krypta (die nicht besichtigt werden kann) das mittelalterliche Grabmal der heiligen Martha (der frühchristliche Sarkophag mit den Reliquien wurde angeblich 1187 wiederentdeckt), außerdem das Mitte des 17. Jh. entstandene Marmorgrabmal der heiligen Martha, das nun den alten Sarkophag umschließt. Das Schloß, an dem vom 12. bis zum 15. Jh. gebaut wurde (Führungen um 10, 11, 14, 15, 16 Uhr, im Sommer auch um 9 und 17 Uhr; dienstags geschlossen), besteht aus dem unmittelbar am Ufer stehenden Logis seigneurial, das einem turmbewehrten Festungsblock ähnelt, und der niedriger gehaltenen Basse cour. Von der Schloßterrasse aus (136 Stufen) hat man einen sehr schönen Ausblick. Im 19. Jh. machte Alphonse Daudet Tarascon durch seinen Roman «Tartarin de Tarascon» bekannt.

Hotels: ** «Provençal Bis». * «Provençal».
Jugendherberge: 31 boulevard Gambetta.
Campingplatz: «Tartarin-Plage» (mit Bungalows).

Beaucaire (13 000 Einw.) liegt gegenüber von Tarascon, mit dem es durch eine Brücke verbunden ist. Im 13. Jh. ließen die Grafen von Toulouse dort zum Schutz gegen Tarascon, das den Grafen von Provence gehörte, eine Burg errichten. Von ihr ist vor allem der Burgfried – man steigt 104 Stufen hoch – erhalten (im Sommer 9–12 und 14–19, sonst 10–12 und 13.30–17.30 Uhr; freitags geschlossen). Sehenswert sind ferner das Rathaus (Ende 17. Jh.), der romanische Fries an der östlichen Außenwand der Kirche Notre-Dame des Pommiers (18. Jh.) und die von Arkaden umgebene Place de la République.

Hotels: ** «Vignes Blanches». * «Robinson»; «Glacier». *Campingplatz.*

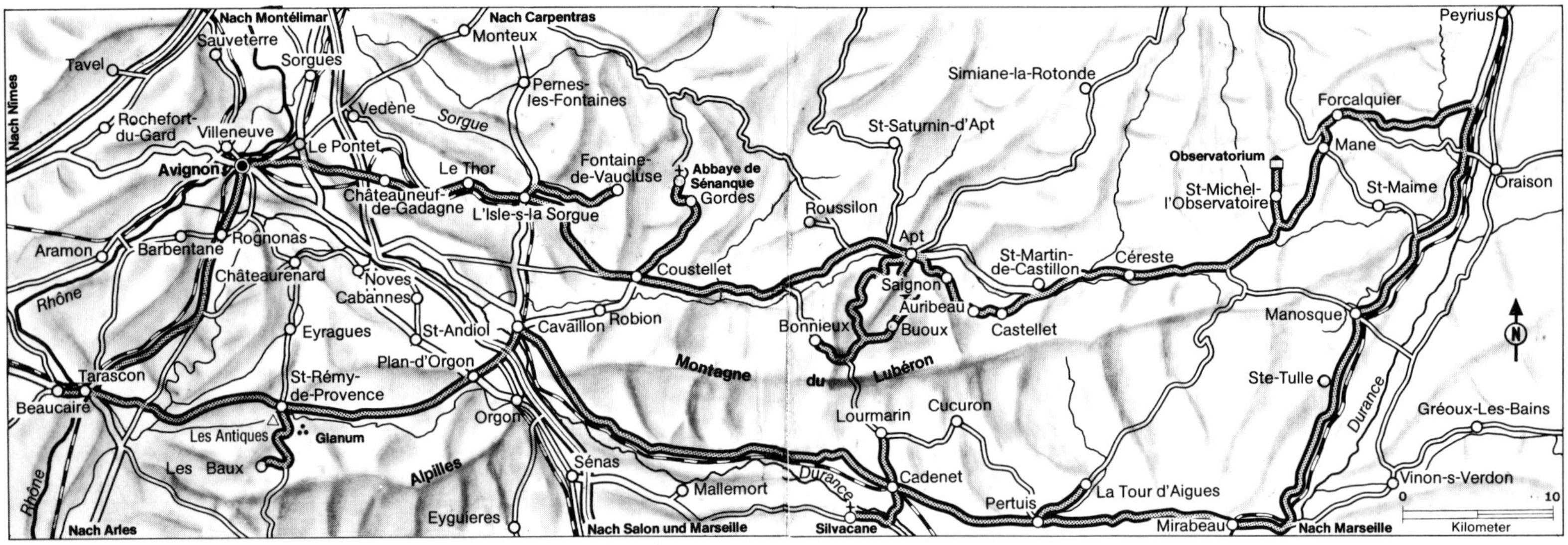

Saint-Rémy-de-Provence (8000 Einw.; 38 km; von Tarascon auf der N 99 zu erreichen) ist ein hübsches Städtchen, das auf das antike Glanum zurückgeht. Die antike Stadt lag an der D 5, auf dem Plateau des Antiques, rund 1 km südlich von Saint-Rémy. Man trifft auf dem Plateau zunächst auf den sogenannten Arc municipal, der um 20 v. Chr. errichtet worden sein dürfte und bei dem es sich um ein Stadtgründungstor (guter Skulpturenschmuck) handelt. Neben ihm erhebt sich das ausgezeichnet erhaltene Mausolée, das etwas jünger als das Tor ist. (Trotz der Bezeichnung Mausolée ist es kein Grabmal, sondern Denkmal.) Das insgesamt fast 26 m hohe Bauwerk besteht aus einem Sockel, einem mit Reliefs reichgeschmückten Untergeschoß, einem Zwischengeschoß, das sich nach allen Seiten in Arkaden öffnet, und einem runden Obergeschoß, dessen zehn Säulen zwei Statuen umgeben und das von einer Kuppel gekrönt ist. Gegenüber diesen beiden antiken Bauten steht das ehemalige Kloster Saint-Paul-de-Mausole, dessen Kirche und Kreuzgang (beide aus dem 12. Jh.) sehenswert sind (Zutritt täglich 8–19, im Winter bis 18 Uhr). Die Klostergebäude beherbergen seit langem eine Heilanstalt. Dort hat sich der Maler Vincent van Gogh 1889/90 aufgehalten. Rund 200 m weiter südlich liegt das Ausgrabungsgelände von Glanum (im Sommer 9–12 und 14–18, im Winter dienstags und mittwochs geschlossen, im Sommer dienstags geschlossen). Die Ausgrabungen haben ergeben, daß einer vorrömischen (hellenistischen) Ansiedlung eine erste römische Ansiedlung um 100 v. Chr. und eine zweite kurz vor Christi Geburt gefolgt sind.
Hotels: *** «Vallon de Valrugues», Chemin Canto Cigalo.
** «Les Antiques», Avenue Pasteur.
* «Les Arts», 30 bd Victor-Hugo.
Les Baux (370 Einw.; 47 km). Man fährt von Saint-Rémy-de-Provence aus auf der D 5 über das Plateau des Antiques und durch die Hügelkette der Alpilles bis zur Abzweigung (rechts) der D 27 A, die in Les Baux endet. Auf einem nach Süden ausgerichteten Sporn der Alpilles, dessen nach Westen hin abfallendes Plateau etwa 900 m lang und im Durchschnitt knapp 200 m breit ist und auf dem seit vorgeschichtlicher Zeit Menschen gelebt haben, entstand im 10. Jh. die Stadt, die im 13. und im 16. Jh. ihre großen Blütezeiten erlebte und heute eine einzige Ruinenstadt ist.

Die teilweise Wiederbevölkerung ist dem Tourismus zu verdanken. Besonders eindrucksvoll ist die etwas abseits der Stadt gelegene Burgruine, die aus dem Felsen zu wachsen scheint und an dessen Fuß ein großes Taubenhaus steht. Im Ort selbst, in dem viele Restaurierungen vorgenommen worden sind und noch vorgenommen werden, sind in zwei Herrenhäusern Museen eingerichtet: das Musée Lapidaire im Hôtel de la Tour du Brau (14. Jh.) und das Musée d'Art moderne im Hôtel de Manville (16. Jh.).

An der Place Saint-Vincent stehen die zum Teil romanische Kirche Saint-Vincent (in ihr wird in der Weihnachtsnacht das eindrucksvolle «Fest der Hirten» gefeiert) und die Chapelle des Pénitents-Blancs (17. Jh.) mit Fresken von Yves Brayer. Unterhalb des Ortes liegt das Val d'Enfer (Höllental; ehemalige Steinbrüche), in dem Jean Cocteau seinen Film «Le testament d'Orphée» gedreht hat.
Autobusverbindung: Arles (1. Juni bis 15. September).
Hotels: *** «Cabro d'Or» (Vallon de la Fontaine; in erster Linie Restaurant).
** «Mas d'Aigret» (D 27 A).
* «Reine Jeanne» (Ortseingang).
In der Umgebung von Les Baux wurde 1821 das Mineral entdeckt, das nach dem Ort «Bauxit» genannt worden ist. Viele Bauxitminen sind erschöpft.
Cavaillon (21 000 Einw.; 73 km; ab Saint-Rémy N 99/538) ist das Zentrum eines höchst ertragreichen Gemüse- und Obstanbaugebietes. Sehenswert sind die Kirche Saint-Véran und ihr Kreuzgang (beide romanisch; 12./13. Jh.), die 1772/73 erbaute Synagoge (sehr schöne Innenausstattung) und das Musée archéologique (geöffnet im Sommer 9–12 und 14–19, im Winter 10–12 und 14–17 Uhr; dienstags geschlossen).
Tal der Durance. Ab Cavaillon folgt man der D 973, die am Fuß der Montagne du Lubéron durch das Tal der Durance verläuft. Man kommt zunächst nach Cadenet (106 km; Kirche mit schönem Glockenturm von 1538), von wo aus man einen Abstecher (6 km je Weg) zur ehemaligen Zisterzienserabtei Silvacane machen kann. Die um 1200 erbaute Kirche ist ein Musterbeispiel früher Zisterziensergotik; 10–12, 14–18 (im Winter 17) Uhr, dienstags geschlossen. – Ein zweiter Abstecher (gut 4 km je Weg) führt von Cadenet nach Lourmarin, einem Dorf, zu dem ein ansehnliches Renaissanceschloß gehört, das heute der Académie d'Aix gehört. Auf dem Dorffriedhof ruht der Dichter und Nobelpreisträger Albert Camus (1913–60), der sich in Lourmarin niedergelassen hatte. Pertuis (118 km) ist die nächste Station an der D 973. Von dort sollte man einen Abstecher (6 km je Weg) nach La Tour d'Aigues machen. Dort steht die Ruine eines um 1570 erbauten Renaissanceschlosses. Das monumentale Portal hat in Form und Schmuck eine frappierende Ähnlichkeit mit einem römischen Triumphbogen; die Reliefs erinnern besonders an diejenigen des «Arc de Triomphe» von Orange.

In Mirabeau (131 km) steht ein Barockschloß (17. Jh.), das dem Vater des Revolutionärs Mirabeau gehört hat.
Manosque (22 000 Einw.; 154 km; N 96) ist eine alte Stadt, die aber infolge der Industrialisierung einem so starken Modernisierungshunger erlegen ist, daß man nicht weiß, ob die heute noch vorhandenen und ohnehin schon spärlichen Sehenswürdigkeiten morgen noch bestehen werden. Zur Zeit stehen an den die Altstadt umgebenden Boulevards noch die Tore Saunerie und Soubeyran (beide 14. Jh.). In der Kirche Notre-Dame ist eine schöne Holzstatue «Maria mit Kind» aus dem 12. Jh. zu sehen. In Manosque lebte der auch dort geborene Schriftsteller Jean Giono (1895

bis 1970), der nicht müde wurde, das Leben der provenzalischen Bergbauern zu schildern («Der Hügel», «Der Berg der Stummen», «Ernte», «Die große Herde» usw.).
Hotels: * «Du Terreau»; «François Ier». *Campingplatz.*
Forcalquier (3500 Einw.; 550 m hoch; 184 km). Man fährt von Manosque aus auf der landschaftlich schönen N 96 weiter und biegt dann in die nicht minder schöne D 12 ein, die kurz vor Forcalquier in die N 100 übergeht. Am Rande des Städtchens, das im frühen Mittelalter gegründet wurde und im 10. Jahrhundert Hauptort einer Grafschaft war, trifft man auf den teilweise restaurierten Couvent des Cordeliers (Franziskanerkloster; Führungen von Mitte Juli bis Mitte September täglich von 10–12 und 14.30–18.30 Uhr). An der Place du Bourguet steht die Kirche Notre-Dame (12. und 13. Jh.). Von dort führt eine Straße zu dem nordöstlich gelegenen und unter Denkmalschutz stehenden Cimetière (Friedhof). Außerdem erreicht man von dort aus gut die Route de la Lavande, an der, unweit des Ortes, die durch Erosion entstandenen Rocher des Mourres liegen. Die Ortsmitte bildet die Place Saint-Michel, die mit einem Michaelsbrunnen (modernes Bassin, im übrigen 15. Jh.) geschmückt ist. Von dort kann man über die Place du Palais zu der am südöstlichen Ortsrand gelegenen Terrasse de Notre-Dame de Provence kommen. Dort hat die Burg der Grafen von Forcalquier gestanden. Von der modernen Kapelle aus hat man eine gute Aussicht (Orientierungstafel). *Hotel:* * «Lavandes», Place Bourguet.
N 100 von **Forcalquier bis Apt.** Gut 3 km südlich von Forcalquier liegt Mane. Am Ausgang des Ortes steht das ehemalige Priorat Notre-Dame de Salagon. In den einstigen Klostergebäuden wurde ein Bauernhof eingerichtet. Die romanische Kirche (um 1200) überrascht mit beachtenswertem Skulpturenschmuck. In der Nähe führt eine römische Brücke über die Laye. Südlich der Laye liegt links der N 100 Schloß Sauvan (1. Hälfte des 18. Jh.; Besichtigung möglich), das zur Zeit der Französischen Revolution der Marquise de Janson gehört hat. Die Marquise hat versucht, als Königin Marie-Antoinette aufzutreten, als diese eingekerkert worden war. 8 km südlich von Forcalquier zweigt nach rechts die D 5 ab, die nach Saint-Michel-l'Observatoire (3 km) führt. Von diesem Dorf aus kann man zu dem 650 m hoch gelegenen Observatoire de Haute-Provence hinauffahren. Dieses mit den modernsten Einrichtungen ausgestattete astrophysische Observatorium kann mittwochs um 15 Uhr, von April bis September außerdem an jedem ersten Sonntag im Monat um 9.30 Uhr besichtigt werden (die Führung dauert rund 1½ Stunden). Der Abstecher zum Observatorium lohnt sich auch der Aussicht wegen. Céreste, das 23 km von Forcalquier entfernt ist, geht auf eine römische Ansiedlung zurück. Das von Weinbergen und Olivenhainen umgebene Dorf ist noch von einer mittelalterlichen Mauer umschlossen. Die über die Encrême führende Brücke stammt aus römischer Zeit.

8,5 km westlich von Céreste zweigt nach links die D 48 ab, die über die Dörfer Castellet, Auribeau und Saignon nach Apt führt (diese Straße ist etwa 5 km länger als die N 100). Es ist dies eine der Straßen, in deren Nähe man die «Bories» sehen kann: Bauten, die wahrscheinlich eine vorgeschichtliche Tradition haben, in ihrer heutigen Form aber wohl auf die Kelten zurückgehen. Die meist einstöckigen, teils rechteckigen, teils runden Bauten sind ohne Bindemittel aus flachen Natursteinen errichtet (sie sind nur in Gegenden gebaut worden, wo diese flachen Steine, die sogenannten «Lauzes», zu finden sind). Das Dach bildet ein unechtes Gewölbe, das heißt, es besteht aus vorkragenden Steinen, die Schicht um Schicht ein klein wenig weiter in den Raum hineinragen. Manche Bories haben nur als Scheunen oder Ställe gedient, viele aber waren Wohnhäuser. Über das Alter der Bories lassen sich kaum zuverlässige Angaben machen.
Apt (12 000 Einw.; 226 km) ist das Zentrum der Ockergewinnung; der Boden der Umgebung hat daher größtenteils eine gelbrote Färbung. Kaum weniger bekannt als der Ocker von Apt sind aber seine kandierten Früchte, Konfitüren und Trüffel sowie seine Lavendelessenz. Obwohl die Stadt auf eine gallische Ansiedlung zurückgeht und in römischer Zeit sowie im Mittelalter eine gewisse Bedeutung hatte, besitzt sie nur eine Sehenswürdigkeit: die ehemalige Kathedrale Sainte-Anne. Die Kirche wurde im 11. und 12. Jh. erbaut (das linke Seitenschiff wurde erst im 14. Jh. hinzugefügt). Im Innern ist vor allem der Kirchenschatz, der in der Sakristei der 1660 erbauten Sankt-Anna-Kapelle untergebracht ist, beachtenswert. In der zweiten Seitenkapelle links steht ein Sarkophag aus dem 5. Jahrhundert. Unter der Kirche befinden sich zwei Krypten, von denen die obere aus dem 11. Jahrhundert stammt, während die untere der frühkarolingischen, vielleicht sogar der merowingischen Zeit angehört (häufig geschlossen).
Hotel: * «Le Ventoux», 67 av. V.-Hugo.
Montagne du Lubéron. Der schönste Abstecher, der von Apt aus gemacht werden kann, ist eine Fahrt in das Lubéron-Gebirge. Auf der schmalen D 113 fährt man hinauf zum Dorf Buoux. Unterhalb des Dorfes beginnt ein Fußpfad, auf dem man in etwa 30 Minuten zum sogenannten Fort de Buoux hinaufsteigen kann. Es handelt sich um die Ruinen einer Befestigungsmauer (12. Jh.), die einst eine kleine Ortschaft und eine Burg umgaben. Da, wo die D 113 auf die ebenfalls von Apt kommende D 943 trifft, steht als Rest des einstigen Priorats Saint-Symphorien ein romanischer Glockenturm. Man fährt nun die D 943, die nach Lourmarin und Cadenet führt, bis zur Abzweigung der D 36 (rechts) und folgt dann dieser Straße bis nach Bonnieux, einem reizenden Städtchen, das zum Teil noch von Mauern aus der Zeit um 1300 umgeben ist. Von dort fährt man zur D 943 und auf dieser nach Apt zurück. Die Strecke ist rund 36 km lang.
Gordes und Senanque. Bei Coustellet (248 km) zweigt von der N 100 die D 2 ab, die zunächst nach Gordes (8 km) führt. In dem restaurierten Renaissanceschloß ist ein Vasarely-Museum (10–12 und 14–18 Uhr; dienstags geschlossen). In der Umgebung von Gordes, besonders im Westen und Nordwesten, gibt es zahlreiche Bories, von denen einige aus dem 17. Jahrhundert stammen. An der von Gordes zur Abbaye de Sénanque (4 km) hinaufsteigenden Straße D 177 befindet sich das recht gute Restaurant «Les Bories», das in solchen Bories eingerichtet ist. Bei der Abtei handelt es sich um eine der schönsten und am besten erhaltenen Zisterzienserabteien Frankreichs, die bis 1969 (mit einigen Unterbrechungen) von Mönchen bewohnt war. Sie wurde 1148 gegründet. Aus der Gründungszeit stammen im wesentlichen die noch heute stehenden Gebäude. Im 17. und 19. Jahrhundert entstanden einige Erweiterungsbauten. Sehenswert sind vor allem die Kirche, der Kreuzgang, der Kapitelsaal, das Refektorium und der im oberen Stockwerk gelegene Schlafsaal. Im Kloster befindet sich heute ein Kulturzentrum sowie das Centre d'études sahariennes (Zentrum für Saharaforschungen). Das Kloster kann täglich von 10–12 und 14–19, im Winter bis 18 Uhr besichtigt werden. Die Collections sahariennes (wissenschaftliche Saharasammlungen) sind nur samstags (am Nachmittag) und sonntags (ganztägig) zugänglich.
Fontaine-de-Vaucluse. In L'Isle-sur-la-Sorgue (12 000 Einw.; 258 km; sehenswertes Hôtel-Dieu) verläßt man die N 100, um auf der D 25 nach Fontaine-de-Vaucluse (530 Einw.; 7 km) zu fahren. Dort verdienen die romanische Kirche Saint-Véran (11. Jh.), das am Chemin de la Fontaine gelegene Höhlenmuseum Norbert Casteret (Stalaktiten und Kristallisierungen) und das Petrarcamuseum (9–12 und 14–19 Uhr), das unterhalb der Burgruine liegt, Beachtung. Der italienische Dichter Petrarca hat sich von 1337 bis 1353 mehrmals für längere Zeit in einem Haus aufgehalten, das an der Stelle des heutigen Museums gestanden haben soll. Im Museum sieht man Werke von und über Petrarca sowie Werke über Fontaine-de-Vaucluse. Rund 800 m oberhalb des Ortes liegen die Quellen der Sorgue. Die Hauptquelle ist die Fontaine de Vaucluse, ein Quelltopf, in dem sich die Wasser der weiten ringsum liegenden Kalkhochflächen sammeln (das Einzugsgebiet ist etwa 170 000 Hektar groß). Froschmänner haben versucht, die Tiefe des Topfes (der schluchtartigen Grotte) festzustellen. Bei einer Tiefe von 106 m mußten die Taucharbeiten eingestellt werden. Vom 15. Juni bis 15. September wird an der Quelle ein Klang-und-Licht-Schauspiel veranstaltet.
Hotels: * «Parc»; «Sources»; «Château».
Campingplatz: «Les Prés», Route de Cavaillon.

Le Thor (4000 Einw.; 263 km) besitzt eine beachtenswerte romanische Kirche (um 1200), deren Südportal mit Skulpturen geschmückt ist, die stark an die Antike erinnern. In wirtschaftlicher Hinsicht ist Le Thor der bedeutendste Handelsplatz für die berühmten Tafeltrauben Chasselas. Nach ihnen heißt der empfehlenswerteste Gasthof des Ortes «Le Chasselas». Auch das benachbarte Châteauneuf-de-Gadagne verdankt den Chasselastrauben seinen Wohlstand. – Die N 100 endet in Avignon (279 km).

Route 4: Salon–Marseille–Toulon–Aix (340 km)

Salon-de-Provence (34 000 Einw.), das den Ausgangspunkt dieser Rundfahrt bildet, erreicht man von Avignon aus auf der N 7 (46 km). Die von Olivenhainen umgebene Stadt ist ein Zentrum der Olivenölherstellung. Die wichtigsten Sehenswürdigkeiten sind das die Altstadt überragende Château de L'Emperi (10.–16. Jh.), das früher Residenz der Erzbischöfe von Arles war und in dem sich heute das Musée de l'Armée (geöffnet außer dienstags 10–12 und 14.30–18.30 Uhr) befindet, ferner die Kirche Saint-Laurent. Die vierte linke Seitenkapelle dieser im 14. und 15. Jahrhundert in provenzalischer Gotik erbauten Kirche birgt das Grab des berühmten Arztes und Astrologen Michel Nostradamus (1503 bis 1566), der lange in Salon gelebt hat und dort starb. Den kürzesten Weg von Salon-de-Provence nach Marseille bildet die N 113 (51 km); diese Rundfahrt führt aber um den Etang de Berre herum. Man verläßt Salon-de-Provence daher auf der N 113 und biegt dann nach rechts in die D 70 ein, die in Saint-Chamas (23 km) endet. Am Südrand des Ortes spannt sich der Pont Flavien, eine römische, heute noch benutzte Brücke aus dem 1. Jh. n. Chr., über die Touloubre. Man fährt weiter über das fast ganz verlassene Dorf Miramas-le-Vieux (malerisch westlich der Straße gelegen; mittelalterliche Befestigungen; Ruine einer Burg aus dem 13. Jh.) nach Miramas (30 km), einer sich kräftig entwickelnden Industriestadt. Am Rande der weiten Ebene der Crau und in geringer Entfernung vom Aérodrome d'Istres-le-Tubé fährt man auf der N 569 über Istres nach

Fos-sur-Mer (7000 Einw.; 49 km). Der am Etang de l'Estomac und am Golfe de Fos gelegene Ort entwickelt sich zum Zentrum einer weit ausgedehnten Industriezone. Der Golfe de Fos bildet mit Lavéra, Port-de-Bouc und Port de Fos einen Teil des Hafens von Marseille. Die Anlagen am Golf sind Industrie- und Ölhäfen (Ausgangspunkt einer ins Elsaß führenden Pipeline). Trotz der fast totalen Industrialisierung der den Golfe de Fos umgebenden Landschaft trifft man ganz in der Nähe auf das bis jetzt von dieser modernen Entwicklung in seinem Kern unberührt gebliebene

Martigues (38 000 Einw.; 60 km). Zwar ist Martigues nicht mehr nur das alte malerische Fischerstädtchen, das einst Maler und Schriftsteller in seinen Bann zog, aber dieses alte Martigues ist doch noch erhalten, und zwar vor allem im mittleren der drei Stadtteile, auf der sogenannten Ile, die zwischen dem Etang de Berre, dem Hafen und dem Carontekanal liegt. Dort befindet sich der Pont Saint-Sébastien, von dem aus man den Kanal mit seinen Fischerbarken und den ihn säumenden bunten Häusern und den Malerwinkel Miroir aux Oiseaux sieht. Der Etang de Berre, dem Martigues zugewandt ist und den auf allen Seiten bis zu 270 m hohe Kalksteinhügel umgeben, ist ein Salzsee von mehr als 15 000 Hektar Größe und durchschnittlich 9–10 Metern Tiefe. Am Ostufer liegt der nach der Stadt Marignane (27 000 Einw.) benannte Flugplatz von Marseille.

Route de l'Estaque. Bei Martigues verläßt man die unmittelbare Umgebung des Etang de Berre und fährt auf der D 5 durch die Estaque-Hügel (Chaîne de l'Estaque) an die Küste, die man bei dem Fischerdorf Sausset-les-Pins (2200 Einw.; 72 km) erreicht. In dem Dorfgasthof «La Réserve» dieses von Pinien umgebenen und von urwüchsigen Fischern bewohnten Ortes gibt es eine ausgezeichnete Bouillabaisse. In der Nähe des geschützten Hafens liegen felsige Badebuchten (Calanques du Four-à-Chaux und du Petit-Rouveau).

Hotel: * «La Plage» (mit Schwimmbad).

Campingplatz: «L'Hermitage» (am Strand).

Der nächste Ort an der Route de l'Estaque ist Carry-le-Rouet (3300 Einw.; 76 km), zu dem auch Le Rouet-Plage gehört. Das Fischerdorf entwickelt sich mehr und mehr zu einem Badeort, der sich bei der Bevölkerung von Marseille großer Beliebtheit erfreut. – *Hotels:* * «Tuilière»; «Moderne». – Sehr gutes Restaurant: «L'Escale». – *Campingplatz:* «Lou Souleï». – Feriendorf «Les Cigales».

Nach Le Rouet-Plage entfernt sich die D 5 von der Küste. Bei Le Douard endet diese Straße, und man fährt auf der N 368 weiter. Von ihr aus hat man, sobald man die Überführung der Eisenbahnlinie Marseille–Port-de-Bouc passiert hat, einen ausgezeichneten Blick auf Marseille. Wenige hundert Meter unterhalb dieses Aussichtspunktes führt die Straße über den Eingang des Canal souterrain du Rove hinweg. Es handelt sich dabei um einen unterirdischen Kanal, der den Hafen von Marseille mit dem Etang de Berre verbindet (er mündet bei dem oben genannten Marignane in den Etang). Der Kanal wurde 1918–27 erbaut. Er führt unter der Estaque-Hügelkette hindurch, ist über 7 km lang und 22 m breit. Lastkähne bis zu 1200 Tonnen können ihn durchfahren. 1963 ist die Decke des Kanals im Nordteil auf einer Länge von 2 km eingestürzt; die Schäden sind noch nicht behoben. Eine Besichtigung des Kanals ist möglich.

Cassis (4800 Einw.; 130 km). Das an einer hübschen Bucht gelegene Städtchen besitzt einen Fischerhafen und ist ein beliebter Badeort. Der Strand ist vorwiegend steinig. In der Nähe von Cassis liegen einige besuchenswerte Calanques (Buchten). Man kann sie zu Lande auf Pfaden oder aber zur See auf Booten erreichen (die Bootsfahrt ist nur bei einigermaßen ruhiger See zu empfehlen). Die nächstgelegene Calanque de Port-Miou kann man unberücksichtigt lassen, da sie durch Steinbrüche entstellt worden ist. Schön sind nach wie vor die Calanque de Port-Pin und vor allem die Calanque d'En-Vau, zwischen deren steilen Felsen ein winziger, aber recht hübscher Badestrand liegt.

Hotels: ** «Roches Blanches».

* «Lieutaud».

Campingplatz: Les Calanques.

La Ciotat (23 000 Einw.; 141 km) ist dank dem seit 1926 entstandenen Vorort La Ciotat-Plage zu einem recht gut besuchten Badeort (Yachthafen) geworden. An den Hafen, der in seinem nördlichen Teil noch malerischer Fischerhafen ist, schließen sich große Werftanlagen an. Südlich und südwestlich liegen einige hübsche Ziele für Bootsausflüge: die Ile Verte, das Cap de l'Aigle und die Anse de Figuerolles (diese ist auch auf dem Landweg zu erreichen).

Hotels: ** «Ciotel», in Le Liouquet, 6 km östlich von La Ciotat.

* «Provence Plage», «Chantemer»; alle in La Ciotat-Plage.

Campingplätze: «Les Oliviers» (dieser Platz hat auch Bungalows), «St-Jean».

Gut 3 km östlich von La Ciotat-Plage überquert die N 559 die Grenze zwischen den Departements Bouches-du-Rhône und Var. Das Departement Var ist ein Departement der Côte d'Azur, von deren touristischer Bedeutung man in den an der N 559 gelegenen Badeorten Les Lecques, Bandol und Sanary-sur-Mer bereits eine recht gute Vorstellung bekommt. Zu dem landeinwärts gelegenen Badeort Six-Fours-les-Plages gehören weite Strände an der nach Süden sich erstreckenden Halbinsel. Die Jugendherberge des Ortes liegt am Chemin Lombard und ist ganzjährig geöffnet. Mehrere Campingplätze sind vorhanden.

Toulon (mit Vororten 340 000 Einw.; 179 km) ist im Rahmen der hier geschilderten Rundfahrt nur eine Art Wendemarke: Man kommt auf der N 559 von Westen her in die Stadt und wird sie auf der N 8 nach Westen hin wieder verlassen. Einen nur kurzen Aufenthalt soll man entweder für eine Hafenrundfahrt oder für eine Fahrt auf den nördlich der Stadt gelegenen Mont Faron benutzen. Auf diesem Berg steht ein Denkmal zur Erinnerung an die Landung der Alliierten in der Provence (August 1944), dessen Kern die Tour Beaumont bildet. Von der Plattform des Turmes aus hat man eine ausgezeichnete Sicht auf Stadt und Hafen (Orientierungstafeln). Für die Fahrt auf den Mont Faron kann man die Drahtseilbahn

benutzen, die im modernen Wohnviertel Super-Toulon beginnt und täglich von 9–12 und 14.15–18.30 (im Winter von 9–12 und 14.15–17.30 Uhr) verkehrt. Mit dem Wagen fährt man die prächtige Rundstraße (im Uhrzeigersinn zu befahren), die zwar sehr kurvenreich ist, aber keine großen Schwierigkeiten bereitet.
Hafenrundfahrten; Iles d'Or (nur im Juli/August).
Hotels: *** «Grand Hôtel», Place Liberté.
** «Tour Blanche», Boulevard Amiral-Vence.
* «Amirauté», rue A.-Guiol.

Von Toulon nach Gémenos. Es ist eine recht menschenleere Landschaft, durch die die N 8 führt. Der Kalkstein, aus dem die Hügelketten bestehen, ist trocken und unfruchtbar. Es sind fast nur Pinien, die hier trotzdem gedeihen. Hier und da gibt es kleine fruchtbare Mulden oder Ebenen, und dort liegen dann auch die wenigen Ansiedlungen: Ollioules (187 km) mit seinen Gemüse- und Blumenfeldern; Le Beausset (196 km) mit seinen Weinbergen und Olivenhainen; Cuges-les-Pins (214 km), das ebenfalls von Weinbergen umgeben ist und dessen bis an den Col de l'Ange heranreichendes Anbaugebiet früher ein See war. Bei dem Weiler Coulin biegt man von der N 8 nach rechts in die N 96 (Richtung Aix-en-Provence) ein, an der Gémenos (3000 Einw.; 224 km) liegt. Das dortige Hotel «Le Relais de la Magdeleine» (***) ist ein von einem Park umgebenes Landhaus aus dem 18. Jh. Als Rathaus dient das um 1700 erbaute weitläufige Schloß der Marquis d'Albertas. Gémenos ist Ausgangspunkt für Touren in das Massif de la Sainte-Baume.

Massif de la Sainte-Baume. Man verläßt Gémenos auf der D 2 und kommt nach 3 km an einen nach rechts abbiegenden Weg, der zum Parc de Saint-Pons führt (rund 200 m; Besichtigung vom 1. Mai bis 30. September von 9–19, sonst von 10–17 Uhr; dienstags geschlossen; Wagen auf dem Parkplatz, von dem ein Fußweg zum Park führt, stehen lassen). Der Park, der seinen Vegetationsreichtum der Quelle du Fauge verdankt, umgibt die Reste einer Zisterzienserabtei (romanische Kirche mit Kreuzgang, 13. Jh.), ferner die Kapelle Saint-Martin, ebenfalls romanisch. In sehr engen Kehren führt die D 2 zum 728 m hohen Col de l'Espigoulier hinauf und dann an der Westflanke der Dents de Roque Forcade (932 m) hinab zur D 80. Am Treffpunkt dieser beiden Straßen stehen die Auberge de la Coutronne und ein Denkmal für Widerstandskämpfer, die dort 1944 gefallen sind. Von dort aus erreicht man über Plan-d'Aups die Hôtellerie de la Sainte-Baume, die von den Dominikanern von Saint-Maximin geführt wird. In einem Saal der Hôtellerie sind ein Renaissancekamin und Statuen Ludwigs XI. und seiner Gattin Charlotte von Savoyen, die gegen Ende des 15. Jh. von Jean de Fontay geschaffen wurden, zu sehen.

Von der Hôtellerie aus kann man in etwa 45 Minuten zur Grotte de Sainte-Madeleine hinaufsteigen. Man kommt dabei durch den Forêt de la Sainte-Baume, einen großen und prachtvollen Wald, der fast den Charakter eines Urwaldes hat und vor allem botanisch Interessierten sehr viel bietet. Neben mächtigen alten Buchen, die den Hauptbestand bilden, trifft man auf viele weitere Baumarten (z. B. Ahorn, Ulme, Kornelkirsche, Esche, Espe, Pappel, Eibe) und insbesondere auf eine Unzahl von anderen, zum Teil seltenen Pflanzenarten (z. B. Lilie, Narzisse, Betonie, Kugelblume, Männertreu, Knabenkraut, Anemone, Bingelkraut, Goldregen).

Oberhalb des Waldes werden die Hänge bald völlig kahl. Eine Felsentreppe mit Kreuzwegstationen führt zur Grottenterrasse, von der aus man bis zur Montagne Sainte-Victoire sehen kann. Mit der Grotte ist die alte provenzalische Legende verbunden, daß die biblische Maria Magdalena zusammen mit Lazarus und Martha in die Camargue gekommen sei und sich dann allein zu dieser Grotte begeben habe, um dort ein Büßerleben zu führen. Infolgedessen wurde sie schon in frühchristlicher Zeit eine Wallfahrtsstätte, die aber bereits um 800 in Vergessenheit geriet. Um 1300 ließen sich Dominikaner an der Grotte nieder, und die Wallfahrten setzten wieder ein. Heute finden sie vor allem im Juni und Juli statt.

Die Grotte, die 1822 wieder instand gesetzt worden ist, mißt rund 29 × 24 m und ist 4–6 m hoch. Hinter dem Hochaltar führt eine Treppe zu einer kleinen Terrasse, die als Lieu de Pénitence (Ort der Buße) bezeichnet wird. Die dort aufgestellte «Magdalena-Figur» war ursprünglich eine der vier «Klagenden» (18. Jh.) des Grabmals eines Grafen de Valbelle, das im Kartäuserkloster Montrieux (südöstlich des Massif de la Sainte-Baume, nahe der Straße von Saint-Maximin nach Toulouse) aufgestellt werden sollte. Von der Grotte aus kann man in gut 30 Minuten den 998 m hoch gelegenen Saint-Pilon erreichen. An diesen Platz wurde der Legende nach Magdalena täglich von Engeln gebracht, damit sie sich dort ins Gebet vertiefen konnte. Früher stand dort eine Säule (Pilon); sie ist durch eine inzwischen in Verfall geratene Kapelle ersetzt worden. Vom Saint-Pilon hat man eine großartige Aussicht (Orientierungstafel). Unmittelbar nordöstlich liegen die höchsten Erhebungen (1116 und 1147 m) des Massif de la Sainte-Baume, dessen Name «Heilige Grotte» bedeuten dürfte (baume geht auf das gallische Wort balma, Einsiedlerhöhle, zurück).

Von der Hôtellerie de la Sainte-Baume aus fährt man weiter auf der D 80, die bergab nach Nans-les-Pins führt, bei Le Logis-de-Nans auf die N 560/D 1 stößt und in Richtung Saint-Maximin in der N 560 ihre Fortsetzung findet.

Saint-Maximin-la-Sainte-Baume (4200 Einw.; 267 km). Der Ort, der auf eine römische Ansiedlung zurückgeht, steht der Legende nach in engster Verbindung mit den Anfängen des Christentums in der Provence. Dort nämlich sollen die heilige Magdalena und der heilige Maximin (er gilt als erster Bischof von Aix-en-Provence) beigesetzt worden sein. Bei dem Grabheiligtum stand schon im 5. Jh. ein kleines Kloster. Die Wallfahrten zu den beiden Gräbern, besonders zu dem der heiligen Magdalena, hörten im 8. Jh. infolge der Arabereinfälle auf. Im 11. Jh. tauchten die angeblichen Reliquien der heiligen Magdalena im burgundischen Vézelay auf, das daraufhin zu einem der bedeutendsten Pilgerziele Frankreichs wurde und wo heute noch jährlich am 22. Juli das große Magdalenenfest stattfindet. Die Versuche, auch in Saint-Maximin die Wallfahrten wiederaufleben zu lassen, hatten erst Erfolg, nachdem man bei Grabungen im Jahre 1279 die alte Grabstätte wiedergefunden hatte. Rund 20 Jahre später begann man mit dem Bau der heutigen Basilika Sainte-Madeleine. Die Basilika ist ein Bau im Stil der nordfranzösischen Gotik; jedoch fehlt ihr der Reichtum an Formen und Skulpturen jener Bauten. Besonders das Äußere ist sehr schlicht. Die Innenausstattung weist einige recht bemerkenswerte Stücke auf. Orgelgehäuse und Kanzel sind Arbeiten aus der zweiten Hälfte des 18. Jh. In der fünften Kapelle rechts befindet sich ein großartiger Passionsaltar, dessen 22 Bildtafeln von einem venezianischen Maler flämischer Abstammung geschaffen wurden. Von den historischen Bauten und Plätzen, die der Künstler vielfach als Hintergrund für seine Bilder benutzt hat, ist vor allem der Papstpalast von Avignon zu nennen. In der sechsten rechten Seitenkapelle ist der Chormantel (frühes 13. Jh.) des heiligen Ludwig von Anjou zu sehen (kostbare Goldstickerei). Im

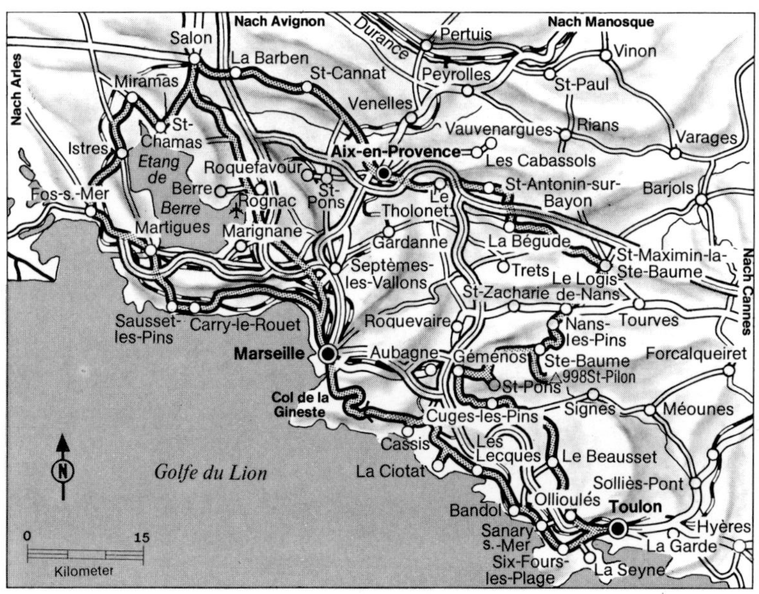

Chor verdienen vor allem Gestühl und Hochaltar (spätes 17. Jh.) Beachtung. In den beiden Nebenapsiden sind Darstellungen aus dem Leben der heiligen Magdalena zu sehen. In der linken Nebenapsis handelt es sich um eine Darstellung des «Noli me tangere» (Magdalena begegnet dem auferstandenen Christus). Außerdem sieht man dort eine Darstellung der heiligen Martha und des Ungeheuers Tarasque. Die Krypta ist eine Grabkammer, die um 400 angelegt worden sein dürfte. Die dort stehenden Sarkophage müssen dem 5. Jh. zugerechnet werden. Zwei von ihnen sollen die sterblichen Überreste Magdalenas und Maximins bergen. Der Schädel Magadalenas soll sich jedoch in dem 1860 angefertigten Reliquiar befinden. Nicht unbeachtet lassen sollte man die vier frühchristlichen Tafeln (um 500), in die das Opfer Abrahams, Daniel in der Löwengrube und zwei Oranten eingraviert sind. In den Klostergebäuden befindet sich ein Kulturzentrum, das zeitweilig besichtigt werden kann. Im Kreuzgang (15. Jh.) ist ein römischer Meilenstein aus dem 1. Jh. n. Chr. zu sehen. Die einstige Pilgerherberge des Klosters, ein Bau aus dem 17. Jh., dient heute als Rathaus.

Hotels: * «Relais St-Maximin»; «France».

Von Saint-Maximin nach Aix. Die N 7, die diese beiden Orte miteinander verbindet, ist in der Saison sehr stark befahren, obwohl heute zwischen Aix-en-Provence und Nizza die Autobahn La Provençale (A 8) verläuft. Da es an der N 7 zwischen Saint-Maximin und Aix keine Sehenswürdigkeiten gibt, ist es angebracht, diese Straße möglichst bald zu verlassen. Bei La Bégude (287 km) bietet sich die D 56c an, die zur D 17 führt. Die D 17 verläuft zwischen der Montagne du Cengle im Süden und der Montagne Sainte-Victoire im Norden. Bei dem Weiler Saint-Antonin-sur-Bayon sind Reste eines römischen Aquädukts und im Norden (Plateau du Bayon) Spuren einer ligurisch-keltischen Ansiedlung zu sehen. Etwa 2 km westlich von Saint-Antonin zweigt nach rechts ein Weg zum Refuge Paul Cézanne (Berghaus mit gut 20 Lagerstätten; 444 m hoch) ab. Westlich der Abzweigung der D 46 liegt rechts der D 17 eine paläontologische Fundstelle (dort sind versteinerte Eier von Dinosauriern gefunden worden). Le Tholonet (1500 Einw.; 303 km) ist ein bei der Bevölkerung von Aix sehr beliebtes Ausflugsziel (Gartenrestaurant «La Plantation»). Nördlich des Ortes liegt der Stausee Zola, den der Vater des berühmten Romanschriftstellers Emile Zola Mitte des 19. Jh. angelegt hat. Gut 1 km westlich von Le Tholonet steht auf einer Anhöhe rechts der Straße das Château Noir, in dem sich Paul Cézanne häufig aufgehalten hat. Die weitere Umgebung dieses Schlosses hat die meisten Motive für die Provencebilder des Malers geliefert. Die D 17 endet in Aix-en-Provence (309 km).

Man setzt die Fahrt auf der N 7 bis Saint-Cannat (322 km) fort und kommt dann auf der N 572 über La Barben (Schloß aus dem 12. und 14. Jh.) wieder nach Salon-de-Provence (340 km).

Route 5: Camargue-Rundfahrt (190 km)

Ausgangspunkt der Camargue-Rundfahrt ist Nîmes. Man verläßt die Stadt auf der N 113 (Straße nach Montpellier), von der man nach links in die D 979 einbiegt, die über Aimargues und Saint-Laurent nach Aigues-Mortes führt.

Aigues-Mortes (4700 Einw.). Die «Stadt der toten Wasser» (Aquae mortuae) erhob sich unter Ludwig IX. dem Heiligen aus dem Sumpfboden als befestigter Sammelplatz für den 7. Kreuzzug. 1248 legten 38 in Genua gecharterte Schiffe direkt unter seinen Mauern an, um das Heer der Kreuzfahrer aufzunehmen. Inzwischen ist der Hafen längst versandet. Durch die Lage in einem toten Winkel blieb die mittelalterliche Seefestung, völlig unberührt – ein von 8–10 m hohen Mauern, hinter denen die niedrigen Häuser unsichtbar bleiben, umschlossenes Rechteck von 500 × 300 m. 14 Türme flankieren die Tore. Der Donjon Tour de Constance bildet eine Festung für sich – seine Mauern haben eine Stärke von 6 Metern; jahrhundertelang diente er als Staatsgefängnis: die unbeugsame Protestantin Marie Durand verbrachte 38 Jahre ihres Lebens in diesem Turm.

Von Aigues-Mortes kann man in 8 km über einen Damm zwischen Lagunen und dem Rhône-Kanal zu dem hübschen kleinen Fischerhafen und Seebad Le Grau-du-Roi fahren. 7 km nordwestlich stehen die an altmexikanische Bauten erinnernden Pyramidenhäuser, mit denen La Grande-Motte zu einem Ferienzentrum ausgebaut wurde – die nördlichste der fünf «Stationen». Der Hafen von La Grande-Motte bietet 1000 Booten und Jachten Platz. Weitere 2400 Anlegeplätze befinden sich in den Häfen Port-Camargue (südöstlich von La Grande-Motte und südlich von Le Grau-du-Roi) und Carnon (westlich von La Grande-Motte). Das Ferienzentrum La Grande-Motte verfügt über zahlreiche Eigentums- und Ferienwohnungen (vorwiegend in Appartementhäusern) sowie in vorerst noch kleinerem Umfang über Hotels.

Von Aigues-Mortes fährt man durch das Schwemmland der in zwei Hauptarmen sich ins Meer ergießenden Rhône – die Camargue. Salzgewinnung, Reisanbau und die Zucht von Pferden und Stieren ernähren die 10 000 Bewohner des 56 000 ha großen Rhône-Deltas. Über die Straßen D 58 (18 km), D 38 B (6 km) und die N 570 (12 km) erreicht man die mit 37 600 Hektar größte Landgemeinde Frankreichs,

Saintes-Maries-de-la-Mer (2500 Einw.), mit der berühmten, von Zinnen und Pechnasen starrenden, im Inneren mit einem Brunnen (für den Fall der Belagerung) ausgerüsteten Wehrkirche. Sie ist Wallfahrtsort, vor allem der Zigeuner, die die heilige Sara verehren – als Dienerin begleitete sie die drei Marien (Maria Jakobäa, die Schwester der Muttergottes, Maria Salome, die Mutter der Apostel Jakobus und Johannes, und Maria Magdalena, die Büßerin), als sie der Legende nach im Jahre 45 hier an Land stiegen. Die Reliquien der beiden ersten Marien befinden sich in einer Kapelle über der Apsis, die von Sara in der Krypta – die Reliquien der Maria Magdalena, der «Marie Madeleine», wurden nach Vézelay verbracht. Auch bei Saintes-Maries-de-la-Mer ist ein neues Touristenzentrum entstanden.

Zur 40-km-Fahrt nach Arles benutzt man für die ersten 11 km die D 85 A, die am Parc Zoologique entlangführt, einem Naturpark, mit Flamingos und allen sonstigen Vögeln der Camargue, dann die N 570. Bei Albaron sollte man über die D 37 den Umweg über Saint-Gilles (13 km) machen: Von der im 8. Jh. vom heiligen Ägidius (= Saint-Gilles) gegründeten Abtei ist noch die romanische Kirche aus dem 12. Jh. erhalten, mit einer großartigen, reichgeschmückten Fassade von hohem kunstgeschichtlichen Rang.

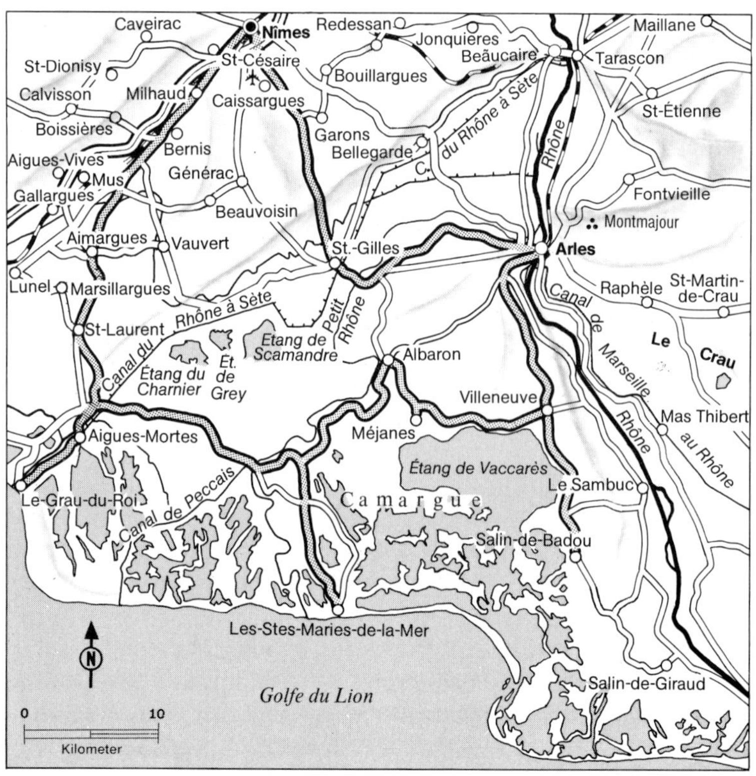

Register

Kursive Ziffern verweisen auf Abbildungen.

Quellennachweis

Alphonse Daudet: Die wunderbaren Abenteuer des Herrn Tartarin de Tarascon. Reclam, Stuttgart.

Jean Giono: Sohn der Camargue. Keller, Starnberg.

Moritz Hartmann (Hg.): Tagebuch einer Reise durch Languedoc und Provence. Societätsverlag, Frankfurt.

Wolfgang Lautemann (Hg.): Geschichte in Quellen. Bände II, III. Bayerischer Schulbuchverlag, München.

Archibald Lyall: Midi. Prestel, München.

Katherine Mansfield: Tagebuch. Deutsche Verlagsanstalt, Stuttgart.

Prosper Merimée: Notes des Voyages. Hachette, Paris.

Thyde Monnier: Liebe, Brot der Armen. Bertelsmann, München.

Marcel Pagnol: Kindheit in der Provence. Langen-Müller-Herbig, München.

Francesco Petrarca: Dichtungen, Briefe, Schriften. S. Fischer, Frankfurt/Main.

Rainer Maria Rilke: Briefe aus den Jahren 1907–1914. Insel, Frankfurt/Main.

Tagebuch der Brüder Goncourt. Kurt Desch, München.

Laurence Wylie: Dorf in der Vaucluse. S. Fischer, Frankfurt/Main.

TREVIRA
BIG PACK
WÜRTH
BIG PACK
ADVENTURE LUNCH
No problem
travellunch
OUTDOOR
Leica

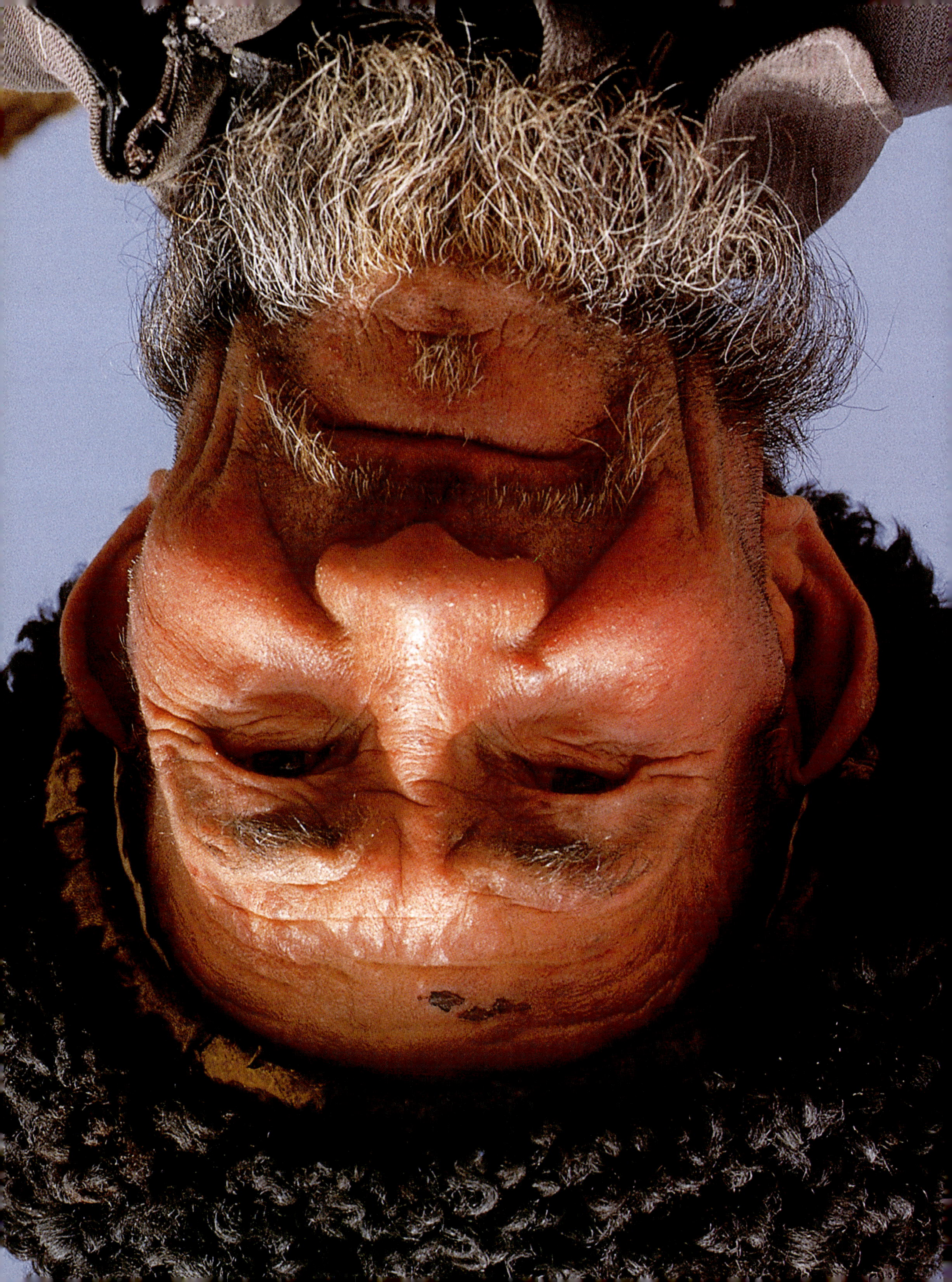

Vorhergehende Bildseiten:

Khara Khoto – die Schwarze Stadt in der Gobi – gehört zu den eindrucksvollsten Ruinenstädten, die aus der Welt der Seidenstraße erhalten sind. Im Licht der aufgehenden Sonne erscheinen die weißen Chörten wie Segel eines Schiffes, das einsam durch das Wüstenmeer kreuzt.

Verborgen in abgelegenen Höhlen und Nischen haben sich einzigartige Kunstwerke aus dem religiösen Leben an der Seidenstraße erhalten. Diese Grotte im Höhlenkosmos von Dunhuang füllt ein monumentaler Nirvana-Buddha, dessen Antlitz bereits den entrückten Zustand der Befreiung widerspiegelt, während die Umstehenden von tiefer Trauer ergriffen sind.

Wie ein langer gezackter Drachenschweif windet sich die Große Mauer über die Gebirgslandschaft nordwestlich von Beijing.

Die großen Wüsten Asiens – Gobi und Takla Makan – stellten für die Reisenden auf der Seidenstraße die größte Herausforderung dar – ihre inneren Bereiche sind es heute noch. Während an den Rändern längst moderne Verkehrswege die alten Karawanenpfade ersetzten, blieben die darin eingeschlossenen Sandmeere letzte Freiräume, die nur dem Wanderer vorbehalten sind.

Geblieben aus der Zeit der Seidenstraße sind vor allem unterschiedliche Menschentypen, die die Geschichte hier zusammengeführt hat; die Nachkommen jener Völker eben, die diese riesigen Räume einst durchwanderten, sie beherrschten, um sie zu verlieren und erneut wieder zu besitzen.

Neben den Wüsten stellten die Berge die schwierigsten Hindernisse für die Reisenden auf der Seidenstraße dar. Mehrere der höchsten Gebirge der Welt mußten überwunden werden – Karakorum, Hoher Pamir und Tien Shan. Die »Vollendung der Gebirgspracht« nannte der britische Bergsteiger Eric Shipton das Gebiet um den über 7 000 Meter hohen Rakaposhi, zu dessen Füßen die Seidenstraße entlangführte.

Ein einmaliges Ensemble von Medresen – islamische n Schulen – bilden den Registan, den von Timur angelegten Hauptplatz Samarkands. Ursprünglich als Marktplatz konzipiert und mit überkuppelten Bazaren und einer Karawanserei ausgestattet, begann Timurs Nachfolger Ulugh Beg ihn in ein geistiges Zentrum des Islam zu verwandeln. Auf die von ihm begründete Medrese (links) folgte das Spiegelbild Schir-dar (rechts) und schließlich Tella-kari, die »Goldgeschmückte« (Mitte).

BRUNO BAUMANN

Abenteuer Seidenstraße

Auf den Spuren alter Karawanenwege

Mit 267 Farbfotos, 21 Abbildungen
und 6 Karten

Herbig

Bildnachweis:

Lu Yuan Chao (S. 61 unten, S. 62/63)
Helmut Burisch (S. 71, S. 72, S. 73, S. 91, S. 108, S. 110 unten, S. 112 unten)
Christoph Baumer (S. 154/155, S. 157, S. 159, S. 163)
Eckehard Radehose (S. 254)
Andreas Pracht (S. 255)
Alle übrigen Aufnahmen stammen vom Autor

Sonderproduktion
2. Auflage 2000

Layout und Herstellung: Wolfgang Heinzel
Karten: Eckehard Radehose, München
Satz: Anja Beck
Reproduktionen: PHG, München
Druck und Binden: Westermann Druck, Zwickau
Printed in Germany
ISBN 3-7766-2007-2